JN411612

나에게 무엇이 가장 소중한 것일까

손경연 지음

한성대학교출판부

글을 쓰면서

우리는 스트레스를 받는 세상에서 힘들게 살고 있다. 그러다가 어느 날 나를 다시 돌아보는 회심(回心)으로 돌아가 보면 "나는 누구인가? 나는 지금 무엇을 하고 있는 것일까? 나는 어떻게 살아야 바르게 살까? 나에게 왜 이런 시련이 찾아올까?" 등 삶의 무게에 대한 의문은 갖는다. 이러한 회심이 사는 동안 나타났다가 사라졌다가 다시 나타나는 우리가 감당하고 해결해야만 하는 현실이다.

사람은 사람다워야 한다. '학생다워야 한다!'는 무슨 말일까? 학생은 학업이 우선이다. 성적이 우수하고 모범생이 되면 부모로부터 따라오는 보상은 칭찬이든 용돈이든 학생을 만족스럽게 만든다. 그러나 학창시절에 성적이 나쁘면 본인이 겪는 고통은 그 짐이 생각보다 크다. 아름다운 젊은 시절을 보내는 청춘은 어떠한가? 애인이 있어도 없어도 갈등은 끊임없이 생긴다. 직장인들은 자기실현이나 돈을 벌기 위해 회사를 다닌다. 그렇지만 아침이면 일찍 일어나 출근하러 나가야 하는 의무감과 회사에서는 목표 달성을 위해서 조직 구성원과 고객 간에 갈등으로 전쟁 같은 날들을 보낸다. 결혼한 부부를 보자. 서로 만나서 사랑을 하고, 초대한 하객들 앞에서 축복받으며 혼인서약을 하면서 꿈 속 같은 시간을 보낸다. 그러나 결혼한 지 얼마 되지 않아 서로 다투며 이를 극복하기 위하여 혼란에 빠진다. 이것은 서로의 삶을 인정해주지 않고 존중하지 못한 결과의 부산물이다. 그러면서 가장 중요한 것을 잊고 살아가는 게 우리 인생이다.

석영중 고려대 노어노문학과 교수는 러시아 대문호 톨스토이의 『안나 카레리나』를 소재로 대중 강연을 하면서 이 소설의 첫 문장에 나오는 "모든 행복한 가정은 엇비슷하지만, 불행한 가정은 제각기 불행을 안고 있다."며 행복대신 성장코드를 대입해 본다면, 불행을 느끼는 순간 수많은 이슈와 불만이 생겨나기 마련으로 "모든 성장하는 사람은 엇비슷하지만, 성장하지 않는 사람은 제각기 나름대로 성장하지 않는다."라며 성장하는 커플과 성장하지 않는 커플에 대한 이야기를 풀어나갔다.

나는 살아오면서 아주 작지만 자주 생각해보아야 하고, 그것이 가장 소중한 것임을 잊고 각박한 현실을 살아가는 사람들을 위해 무엇인가 공감하고 잠시라도 깨워주고 싶었다. 한번 쯤 자신들의 인생을 돌아보는 시간을 가져보고 바로잡는 것이 중요하다고 생각했다.

사람은 누구나 자신에게 관심을 가져주는 사람에게 마음이 가는 법이다. 남녀 간의 사랑은 특별히 큰 것을 주는 것이 아니라 아주 사소하고 작은 것을 잘해 줄 때 서로 공감하고 즐거워하는 것이다. "나에게 무엇이 가장 소중한 것일까"라는 제목을 설정하며 자신의 생각, 가치관, 사랑, 가족과 일에 대해 우리가 잊고 사는 자그마한 것들이 너무 소중하다는 것에 대해 독자들과 공감하고 싶었다.

2018년 봄이 오는 길목

마북동 서재에서

손 경 연

감사의 글

세상에 태어나 감사드려야 할 모든 분들께

얼굴을 잘 모르는 할아버지, 할머니, 고모님들,

사랑하는 부모님,

나의 가족,

내 친구,

내가 아는 지인에게

항상 배려에

감사드립니다! 고맙습니다! 사랑합니다!

순 서

제 2 장 지켜보기

제 4 장 가족바라기

제 5 장 일과 처세하기

길 위에서의 생각

류시화

집이 없는 자는 집을 그리워하고
집이 있는 자는 빈 들녘의 바람을 그리워한다.
나 집을 떠나 길 위에 서서 생각하니
삶에서 잃은 것도 없고 얻은 것도 없다.
모든 것들이 빈 들녘의 바람처럼
세월을 몰고 다만 멀어져갔다.
어떤 자는 울면서 웃을 날을 그리워하고
웃는 자는 또 웃음 끝에 다가올 울음을 두려워한다.
나 길 위에 피어난 풀에게 묻는다.
나는 무엇을 위해서 살았으며
무엇을 위해 살지 않았는가를
살아 있는 자는 죽을 것을 염려하고
죽어가는 자는 더 살지 못했음을 아쉬워한다.
자유가 없는 자는 자유를 그리워하고
어떤 나그네는 자유에 지쳐 길에서 쓰러진다.

제 1 장

생각해보기

1장
생각해보기

1. 도덕감정론에서 본 삶이란 무엇인가

제주 성산포

『도덕감정론』(How Adam Smith Can Change Your Life)은 1776년도 국부론보다도 17년 전에 발표된 책이다. 아담 스미스는 이 책에 상당한 애정을 갖고 말년까지 여러 번 개정을 하여 『국부론』보다 『도덕감정론』의 작가로 자신이 알려지길 원했다고 한다. 그는 삶이란 “마음의 평온을 얻기 위해서는 최저 수준 이상의 수입을 갖고, 건강하고, 빚이 없고, 양심에 부끄러움이 없는 생활을 해야 한다. 그러나 그 이상의 재산을 추가하는 것은 행복을 크게 증진시키지 못한다.”라며 사람들이 지혜로운 사람이 되기를 장려하였다. 또한 “세간에서 지혜와 덕은 잘 보이지 않는 반면, 부와 지위는 잘 보이는 법이다. 그 때문에 세상의 존경은 지혜와 덕이 있는 사람보다 부유한 사람, 사회적 지위가 높은 사람을 향하는 경향이 있다.”고 하였다.

인간은 선천적으로 사랑받기를 원할 뿐 아니라 사랑스러운 사람이 되기를 원한다. 모든 이가 원하는 사랑받는 사람이 되기 위해서는 어떻게 해야 할까? 『내 안에서 나를 만드는 것들』이란 책은 스탠포드 대학교수 러셀 로버츠가 아담 스미스에게 매료되어 비교적 덜 알려진 소중한 그의 책을 널리 알리고 현대적 감각을 입혀 현대 독자들이 재밌게 읽을 수 있게 쓴 책이다. 이 책에서 사랑받는 방법은 두 가지가 있다. “하나는 부자가 되고 유명해지는 것이고, 다른 하나는 현명하고 도덕적인 사람이 되는 것이다.” 물론 가장 좋은 방법은 지혜와 미덕의 길을 선택하는 것인데 이중 미덕은 적절성이라 말한다. 적절성에서 가장 중요한 점은 다른 이와의 공감이다.

왜 사람들은 기쁨은 작을수록 슬픔은 클수록 공감할까? 인간에게는 악의라는 것이 존재한다. 이로 인해 타인의 사소한 고민거리에 전혀 공감하지 못할 뿐 아니라 그것을 비웃을 수도 있다. 아담 스미스는 사랑받는 사람이 되기 위한 더 훌륭한 방법으로 미덕을 갖춘 삶을 권했다. 그것은

'신중, 정의, 선행'이라고 주장했다. 신중은 건강과 돈, 평판 등 인생과 연결된 모든 것들을 현명하고 진지하게 보살핀다는 의미이고, 정의는 타인에게 피해, 혹은 상처를 주지 않는 것이며, 마지막으로 가장 중요한 선행이란 좋은 일을 한다는 의미다.

훌륭한 행동은 타인의 인정에 의해 자극받고, 나쁜 행동은 타인의 반대에 의해 좌절된다. 타인의 시선에서 자유로워지라는 시대에서 이런 이야기는 시대착오적인 이야기일 수도 있다. 하지만 인간은 혼자 살아가는 존재가 아니다. 여러 사람들과 교류하며 자신의 일을 묵묵히 해나가는 것에서 나의 이익과 다른 이의 이익이 생기게 된다.

삶을 살아가며 공정한 관찰자가 항상 지켜보고 있음을 의식하고 그의 눈을 똑바로 마주칠 수 있도록 부끄럽지 않게 나를 만들어가 가야한다. 그 원칙은 자기 자신을 속여서는 안 된다는 것이다. 그러나 애석하게도 자기 자신이야말로 세상에서 가장 속이기 쉬운 사람이다. 인간의 삶이 비참하고 혼란스러운 가장 큰 이유는 소유물이 자신이라 착각하기 때문이다. 세상은 복잡한 곳이다. 시스템을 바꾸기 위해 억지로 애쓰지 말자. 내가 손잡이를 힘껏 돌린다고 해서 세상의 모든 문이 다 열리는 건 아니다.

아담 스미스는 "인간이 아무리 이기적인 존재라 하더라도 그 천성에는 분명히 이와 상반되는 몇 가지가 존재한다. 이런 천성은 연민과 동정심이다. 사랑은 일종의 유쾌한 격정이고, 분개는 일종의 불쾌한 격정이다."라며 한 사람의 감각기관의 기능, 즉 관능은 나의 시각으로, 당신의 시각 · 청각으로써, 이성으로써, 분개로써, 나의 애정으로써 당신의 애정을 판단한다. 그것들을 판단할 이외의 어떤 방법도 나에게는 없으며 또 가질 수도 없다.

다른 사람에 대해서는 많이 느끼고 자기 자신에 대해서는 적게 느끼는 것, 즉 사심은 억제하고 남을 위한 자애심은 방임하는 것이 곧 인간의 천성을 완미하게 만드는 길이다. 감정과 격정의 조화를 이루어냄으로써 인류의 모든 행위를 고상하고 적절하게 할 수 있는 것이다.

2. 풍요로운 삶은 무엇인가

에란 카츠의 『뇌를 위한 다섯 가지 선물』에 안전하다고 믿음을 주는 선물(gift of safe mind)에 대해 스와미 비브케난다는 "겸손한 마음으로 모든 것을 대하는 사람은 진실을 명확하게 볼 수 있다."라고 설명한다. 사노쉬의 규칙은 '장애물과 실수로 가득한 세상을 헤쳐 나가는 방법'으로 내가 결정을 내리기에 적합한 상태인가? 어떤 장애물이 나타날 수 있을지 고려하고 대응해야한다. 인생의 로드맵은 한 가지가 아닌 2~3가지가 있어야 한다. 가슴과 논리가 충돌하면 가슴이 시키는 대로 해야 한다. 세상에서 믿는 방법은 자신이 직접 구하고 찾아낸 것만 믿어야 한다. 자신이 가장 현명한 사람이 아니며 늘 자아의 크기를 줄이고 겸손한 태도를 잃지 말아야 한다. 즉각적인 만족을 추구하다 보면 실수를 저지르기 마련이다.

욕망 관리의 선물(gift of craving management)에 대해 이 세상에 있는 모든 것은 결국 정해진 시간 동안 우리가 빌려 쓰는 것일 뿐이다. 욕망과 갈등을 통제하기 위한 7단계를 "자각하라! 먼저 생각한 다음 행동하라! 길게 잡지 말고 짧은 기간을 정한 다음 수시로 맹세해라! 실현 가능한 목표를 정하라! 자제력은 질서를 통제하는 것이다. 원치 않는 것이 발생하면 주의를 다른 데로 돌려라! 산보를 해라! 진정한 친구는 바람직하지 않은 유혹이 없는 길로 인도한다. 적게 먹고 적게 구입하고 무엇이든지 적게 하려고 노력해라."면서 자신의 행동과 그 결과에 정직하게 접근할 필요가 있다. 죄책감은 행동을 한 바로 그 사람이 만들어 낸 것이다.

보통 사람들이 삶을 법정 스님, 김수환 추기경, 한경직 목사처럼 살라는 이야기가 아니라 결국 그 분들이 남긴 것은 '마음을 비우고 검소하고 겸손의 삶을 통해 마음이 풍요로운 삶을 사는 것'이 아닐까?

법정 스님

한국 불교를 대표하는 법정스님이 개원한 길상사는 삼청각, 청운각과 함께 우리나라 3대 요정으로 꼽혔던 대원각의 주인 길상화 김영한이 법정 스님의 『무소유』를 읽고 감명 받아 대지와 건물을 시주하고 이를 받아들여 개원하였다. 길상사에는 대중들의 정진 수행공간인 '길상선원'과 '침묵의 집'이 있다. '길상선원'은 일반인들을 위한 상설시민선방으로 허락된 사람들만 이용이 가능하며, '침묵의 집'은 참선은 물론 음악을 통한 명상 등을 자유롭게 개인적으로 정진할 수 있는 공간으로 누구나 이용이 가능하다. 매달 1회씩 '맑고 향기롭게'라는 제목으로 선 수련회를 여는데 일반인들도 8시간 이상 참선을 하며 산사 체험을 할 수 있는 프로그램이다. 법정스님은 길상사에서 입적했다. "사람마다 생각하는 것을 다 버릴 수 있고 사람마다 생각나는 대로 다 얻을 수 있다면 그것이 무슨 인생이라 말할 수 있겠느냐?"며 입적하기 전날 밤 "내 것이라고 하는 것이 남아 있다면 모두 맑고 향기로운 사회를 구현하는 활동에 사용해 달라. 이제 시간과 공간을 버려야겠다."고 말했다. 또한 "평소 많은 사람에게 수고만 끼치는 장례의식을 행하지 말고, 관과 수의를 따로 마련하지도 말며, 편리하고 이웃에 방해되지 않는 곳에서 지체 없이 평소의 승복을 입은 상태로 다비해주고, 사리를 찾으려고 하지 말며, 탑도 세우지 말라!"고 당부했다는 법정스님은 가는 걸음까지 무소유의 삶을 실천하고, 남은 이들에게 소중한 가르침을 전해주었다. 길상사는 『무소유』, 『영혼의 모음』, 『말과 침묵』, 『물소리 바람소리』, 『산에는 꽃이 피네』, 『오두막 편지』 등을 저술하신 법정스님의 진영각과 일부 유골을 모신 곳으로 유명하다.

서울시 성북동 길상사

한국인 최초로 가톨릭교회의 추기경에 서임된 김수환 추기경은 온화하고 인자한 모습에 스스로를 '바보'라고 부르고 늘 겸손하고 감사한 마음을 잊지 않았다. 박정희, 전두환, 노태우 군사 정권 당시 군사 독재정권 퇴진 운동과 시민 활동을 하였고, 문민정부 출범 이후부터는 사회 운동과 방송 활동, 복지 사업, 언론 활동, 강연 활동 등을 하였다. 한국 가톨릭계를 대표하는 인물로서 수십 년간 군부 정권의 독재에 저항하며 한국 민주주의의 발전을 위해 헌신한 인물 가운데 한 사람이었으며 인권의 수호자로서, 인간의 존엄성에 대한 신념과 공동선의 추구를 바탕으로 교회가 세상에서 빛과 소금의 역할을 감당해야 한다는 신념에 따라 신앙을 실천한 인물이었다. 그의 마지막 한마디는 "오늘의 삶이 마지막 순간이라고 생각하세요. 그러면 항상 최선을 다하는 삶을 살 수 있습니다."

김수환 추기경

김수환 추기경 생가

대한민국 기독교의 역사 그 밭 한복판에 유별나게 큰 거목 한 그루이며 한국 교회를 대표하는 영락교회 한경직 목사는 매주 토요일 마다 설교를 위하여 공부를 하였다고 하며 검소함과 청빈과 겸손의 삶을 실천했다. 암울했던 일제강점기를 거쳐 질곡 같은 역사 속에 나라 잃은 겨레의 아픔을 눈물로 기도했다. 종교를 뛰어 넘어 사회의 가장 큰 어른으로 소외된 이웃들에게 울타리로서 마지막 대변인으로서의 삶을 살아갔다. 한경직 목사의 좌우명은 "죽도록 충성하라! 맡은 자에게 구할 것은 충성이니라!"(고린도전서 4장 2절)이다. 인간이 세상에 사는 동안에 누구나 맡은 것이 있다. 곧 책임이 있다. 가정이나 사회나 국가에 대해서도 책임이 있다. 이렇게 책임을 맡은 인간으로서 항상 기억할 것은 충성되게 그 책임을 다하는 일이다. 성경에는 다음의 세 가지 방법으로 그 충성을 가르쳤다. 첫째, 작은 일에 충성을 다하라. 작은 일에 충성된 자가 큰 일에도 충성한다. 둘째, 끝까지 충성하라. 곧 시종(始終)이 여일(如一)하게 충성하라. 셋째, 어려운 환경일수록, 역경일수록 충성하라. 곧 죽도록 충성하라!

한경직 목사

성 프란체스코(Francesco, 1182~1226)는 가톨릭교회의 성인이다. 본명은 조바니 베르나르도네로 이탈리아의 북부 소도시 아씨시에서 부유한 상인 가정에서 태어났다. 풍족하게 지낸 그는 20세 때 길에서 만난 한센병 환자를 보고 충격을 받아 청빈한 삶을 살기로 결심하고 모든 재산을 버리고 사람들에게 설교를 하며 돌아다녔다. 이에 프란체스코의 삶을 따르는 사람들이 생겨났다. 성직자가 아닌 이들은 서로 형제라고 불렀는데 그런 이유로 그 모임을 '작은 형제회'라고 했다. 이들은 거리에서 설교를 하고, 가난하고 병든 사람들을 돌보는 일을 주로 하면서 집집마다 음식을 구걸하며 돌아다녀 '탁발 수도회'라고도 했다. 이후 1209년 프란체스코는 로마 교황 인노켄티우스 3세를 만나 '작은 형제회'를 새 수도회로 인정해 줄 것을 요구해 승인을 받았다. 프란체스코 성인은 자애로운 인품과 이웃 사랑의 실천으로 많은 존경을 받았고 오늘날에도 이탈리아를 지키는 수호성인으로 받들어지고 있다.

성프란체스코성당, 이탈리아 아씨시

공자는 수분지족(守分知足)으로 "네 분수를 지키고 만족할 줄을 알아라!"라며 자기 분수를 알고 분수를 지키며 분수에 맞게 사는 것은 지혜의 근본이라 할 수 있다고 하였다. 탈무드에는 "자신의 운명에 만족하는 사람이 진정 부유한 자이다."라고 했다.

3. 뇌는 신비의 마법 같은 그릇이다

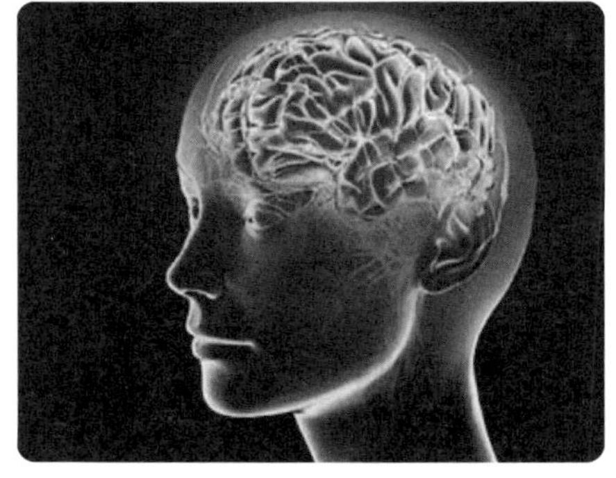

사람의 뇌는 1분에 1만 가지의 정보를 받아들인다고 한다. 인간의 뇌는 1.5kg정도의 무게로 혈액의 15%, 산소의 20~30%, 식사량의 30% 정도를 에너지로 소모하며 인간이 명령하는 것을 수행하는 2,000억 개의 뉴런(Neuron)과 신경세포를 연결하는 1,000조 개의 시냅스(Synapse)라는 우주의 별보다 많은 보물창고를 이용하여 기억한다.

뇌의 변화는 뇌 회로를 바꾸는 것이라고 한다. 뇌 가소성이란 뇌를 사용할수록 끊임없이 신경세포가 생긴다는 것이다. 컴퓨터가 새롭고 효율적인 성능 향상을 위해서 새로운 소프트웨어를 업그레이드한다고 생각하면 되는 것이다. 우리는 이렇게 멋진 뇌를 얼마나 활용하고 있는가? 연구에 의하면 아인스타인도 뇌의 5~10%만 사용했다고 한다.

에빙하우스의 '망각곡선'에 의하면 "1시간이 지나면 50%, 1달이 지나면 80%가 사라진다."고 한다. 학생 시절에는 암기력이 그래도 좋은 편이다. 나이가 들어갈수록 지식에 대한 암기력은 떨어지고 지혜가 발달할 뿐이다. 부모님의 말씀을 들어 보면 공부도 때가 있다. "나이 들어 늙어서 공부하면 바로 이해는 되지만 내용은 내일 잃어버린다."라고 하신 말씀을 새겨 볼 필요가 있다.

4. 참선 명상이란 무엇인가

명상이란 마음을 안정시키고 심신의 조화를 꾀하는 것이다. 불교에서는 '참선'을 위해 명상을 한다. 참선이란 한 마디로 '본디 사람의 마음은 명경(明鏡)이라 하여 거울같이 깨끗한 마음이다.' 사람이 태어나면 마음이 명경과 같이 깨끗한데 세상살이를 하면서 마음에 안개가 끼어 보이지 않을 정도가 되니 이를 닦아 내어 나를 다시 볼 수 있는 것을 하는 행위이다.

명상을 하면 머리가 맑아지고, 표정이 밝아지며, 호흡이 깊어지고 마음이 열리게 되고 자세도 단정해지고 당당해진다. 다시 말해 '나는 누구인가?' 라는 화두를 던져 나를 발견하는 것이다. 세상살이를 하다보면 나도 모르게 건강이 상하고 마음이 다치게 된다. 그런 상처받은 자신을 치유하는 하나의 과정이다.

사람의 뇌파는 다음과 같다.

종류	뇌파	몸과 마음
델타파	0.4~5Hz	깊은 수면, 완전한 휴식
세타파	4~7Hz	의식과 무의식의 중간 직관, 통찰, 영감, 깊은 명상
알파파	8~13HZ	눈을 감고 조용한 정신상태 명상: 초당 10Hz
베타파	13~30Hz	눈을 뜨고 활동 중일 때
감마파	30Hz이상	부정적인 이미지와 불안, 흥분상태

자신의 마음을 하루에 자기 전에 명상을 통해 깨끗하게 하는 습관을 갖는다면 살아가는 동안 자아를 보며 겸손하고 미래를 볼 수 있는 혜안을 가지게 될 것이라 확신한다.

5. 묵언과 침묵의 힘은 무엇인가

묵언(默言)은 아무 말도 하지 않은 것을 말하고, 침묵(沈默)은 아무 말도 없이 잠잠히 있는 상태이다. 다른 점은 묵언은 자신을 돌아보기 위하여 참선을 하는 방법이고 침묵은 자신의 의견을 표시하지 않는 방법이다.

불교에서는 묵언 수행을 한다. 참선을 말한다. 특히 벽을 바라보고 하는 면벽 수행이야 말로 "나는 누구인가? 나는 어디서 왔고 어디로 가는가?"라는 화두를 던지면서 자신을 찾고 깨달음을 얻는 수행이다. 참선을 하는 사람은 자신의 정신적인 고통을 벗어나기 위하여 자신을 찾아가는 수행이다. 묵언과 같이 자신을 찾는 것은 매일 새벽 예불을 드리는 스님이나 신부님처럼 매일 미사 등을 통해서 부단한 정진을 하지만 우리 같은 범인들이 지속적으로 하기에 참으로 어렵다. 사회생활을 하면서 하루하루 스트레스를 받는 일과 사람에 부딪치다 보면 감히 엄두를 낼 수 가 없다. 하루를 잘 마무리 하고 내일을 시작하려면 하루에 단 10분이라도 잠시라도 묵언의 시간을 갖는 노력이 필요하다고 생각한다.

침묵은 사회생활을 하면서 부딪치는 처세술이다. 18세기 프랑스에서 세속사제로 활동했던 조제프 앙투안 투생 디누아르 신부가 쓴 『침묵의 기술』에서 그가 제시한 침묵의 14가지 필수 원칙 중에서 말과 침묵에 대한 몇 가지는 마음에 다가오는 최고의 공감을 받았다. "침묵보다 나은 할 말이 있을 때에만 입을 연다! 말을 해야 할 때가 있듯이 입을 다물어야 할 때가 따로 있다! 말을 하는 것보다 입을 닫는 것이 덜 위험하다! 중요한 말일수록 후회할 가능성은 없는지 다시 한 번 되뇌어보아야 한다! 아는 것을 말하기보다는 모르는 것에 대해 입을 닫을 줄 아는 것이 더 큰 장점이다! 침묵이 필요하다고 해서 진솔함을 포기하라는 뜻은 아니다. 어떤 생각들을 표출하지 않을지언정 그 무엇도 가장해서는 안 된다!" 등이다. 침묵은 내적으로는 자기통제의 수단이자 외적으로는 처신의 수단이다.

6. 8가지 마음의 자세

어느 무명 스님이 말씀하신 '삶을 대하는 8가지 마음의 자세'에 대한 다음과 같은 주옥같은 글을 음미해보자.

첫째, '향기로운 마음'은 남을 위하여 기도하는 마음입니다. 나비에게, 벌에게, 바람에게 자기의 달콤함을 내주는 꽃처럼 소중함과 아름다움을 베풀어 주는 마음입니다.

둘째, '여유로운 마음'은 풍요로움이 선사하는 평화입니다. 바람과 구름이 평화롭게 머물도록 끝없이 드넓어 넉넉한 하늘처럼 비어 있어 가득 채울 수 있는 자유입니다.

셋째, '사랑하는 마음'은 존재에 대한 나와의 약속입니다. 끊어지지 않는 믿음의 날실에 이해라는 구슬을 꿰어놓은 염주처럼 바라봐주고 마음을 쏟아야 하는 관심입니다.

넷째, '정성된 마음'은 자기를 아끼지 않는 헌신입니다. 뜨거움을 참아내며 맑은 옥빛으로 은은한 향과 맛을 건네주는 차처럼 진심으로부터 우러나오는 실천입니다.

다섯째, '참는 마음'은 나를 바라보는 선입니다. 절제의 바다를 그어서 오롯이 자라며 부드럽게 마음을 비우는 대나무처럼 나와 세상이치를 바로 깨닫게 하는 수행입니다.

여섯째, ‘노력하는 마음’은 목표를 향한 끊임없는 투자입니다. 깨우침을 위해 세상의 유혹을 떨치고 머리칼을 자르며 공부하는 스님처럼 꾸준하게 한 길을 걷는 집념입니다.

일곱째, ‘강직한 마음’은 자기를 지키는 용기입니다. 깊게 뿌리내려 흔들림 없이 사시사철 푸르른 소나무처럼 변함없이 한결같은 믿음입니다.

마지막으로 ‘선정된 마음’은 나를 바라보게 하는 고요함입니다. 싹을 틔우게 하고 꽃을 피우게 하며 보람의 열매를 맺게 하는 햇살처럼 어둠을 물리치고 세상을 환하게 하는 지혜입니다.

7. 행복의 지수는 무엇일까

우리는 1950년 전쟁을 겪고 급변하는 격동의 시절을 살아오면서 1인당 국민소득이 100달러도 안 되는 시절에 산 적이 있다. 봄이 오면 보릿고개라고 하여 쌀밥 한 그릇을 판잣집이 아닌 잘사는 양옥집에서 사는 아이들만 먹을 수 있었고, 학교에 가면 점심시간에 강냉이 빵에 죽을 한 그릇씩 급식을 받아먹으며 추운 겨울에는 조개탄을 배급 받아 교실에서 난로에 난방을 하며 살았다. 지금은 국민 소득 30,000달러의 시대에 살고 있다. 그런데도 모두 살기가 어렵다고 한다. 굶어 죽는 사람이 거의 없을 정도로 국가의 복지혜택도 좋은 데도 말이다. 지금 맞벌이를 하며 지내는 결혼 가정은 부부 중 한 사람이 실직을 하면 경제로 인해 부부 싸움이 많고 심지어 이혼까지 하는 사례를 주변에서 흔하게 보는 세상이 되었다. 무엇이 문제일까? 예전에는 먹고 입는 것이 가정 중요했다. 그러나 지금은 사고 싶은 것, 갖고 싶은 것과 해주고 싶은 것이 많아서 생기는 문제이다. 혜택은 늘었지만 요구사항이 많아진 것이다.

UN이 발행하는 세계행복지수(World Happiness Report)의 행복 지표는 다음과 같은 기준으로 이루어진다. '경제수준? 당신이 어려울 때 도와줄 친구나 이웃이 있는가? 건강한 삶을 살아갈 수 있는가? 당신의 삶에서 원하는 일을 하고 있는가? 최근 기부나 남을 도와준 적이 있는가? 정부에 부정부패가 없는가?' 등이다.

미국 경제학자 리터즈 이스털린의 역설(Easterlin paradox)을 살펴보자. 소득이 일정 수준을 넘어 기본 욕구가 충족되면 소득이 증가해도 행복은 더 이상 증가하지 않는다는 이론이다. 그는 1946년부터 빈곤국과 부유한 국가, 사회주의와 자본주의 국가 등 30개 국가의 행복도를 연구했는데 '소득이 일정 수준을 넘어서면 행복도와 소득이 비례하지 않는다는 현상'을 발견했다. 그는 당시 논문을 통해 비누아투, 방글라데시와 같은 가난한 국가에서 오히려 국민의 행복지수가 높게 나타나고, 미국이나 프랑스 같은 선진국에서는 오히려 행복지수가 낮다는 연구 결과를 주장의 근거로 제시했다. 개발도상국과 선진국 7개국을 대상으로 설문조사 결과 선진국이 정신질환자(우울증, 사회공포증, 알코올 및 마약 남용 등)가 많은 것으로 나타났다. 돈이 많으면 문제가 많아진다. 첫째는 전통적인 공동체나 가족 간의 유대와 우정을 해체시키는 친밀한 관계의 걸림돌이며, 둘째는 스트레스, 편식, 부족한 수면, 고소득자에게는 친구나 가족에게 함께할 시간이 없다는 것이다.

2012년 10월 SNS(Social Network Service)를 뜨겁게 달군 중산층 별곡에 의하면, 우리나라에서는 30평대 아파트에 살며, 월급 500만 원 이상, 자동차 2000CC 이상, 예금 잔액 1억 원 이상, 해외여행을 매년 1회할 수 있어야 중산층이라 했다. 영국의 경우, 중산층은 옥스퍼드대가 제시한 기준이 통용된다고 한다. 영국 중산층의 기준으로 삼는 이들은 언제 어디서 무슨 일을 하든지 페어플레이를 하고, 독선적인 행동을 하지 않고, 약자를 두둔하고 강자에게 대응하며, 불의와 불평등, 불법에 의연히 대처하는 사람이다. 또한 자신의 주장과 신념을 가지고 있다고 한다. 프랑스의 경우, 퐁피두 대통령이 'Qualite de vie(삶의 질)'에서 정한 프랑스 중산층의 기준은 외국어를 하나 정도는 할 수 있어야 하고, 직접 즐기는 스포츠가 있어야 하며, 다룰 줄 아는 악기가 있고, 남들과는 다른 맛을 낼 수 있는 요리를 만들 수 있어야 하며 '공적인 명분'에 의연히 참여해야 한다. 마지막으로 약자를 도우며 봉사활동을 꾸준히 해야 한다. 미국의 공립학교에서 가르치는 중산층의 기준은 자신의 주장에 떳떳하고 사회적인 약자를 도울 줄 아는 사람이다. 또한 부정과 불법에 저항할 줄 알아야 하며, 테이블 위에 정기적으로 받아보는 비평지가 놓여있어야 한다. 우리는 중산층의 기준과 가치를 물질적인 것에 두는 한편, 위에 열거한 세 나라는 '삶의 질' 즉 정신적인 가치를 더욱 중요하게 생각한다. 중산층은 '나 혼자' 잘 살자는 것이 아닌 '더불어' 잘 살자는 인식이 내재되어 있음을 알 수 있다. 거기에 더해 자신의 능력을 계발하거나, 사회적 불의에 대응할 수 있는 신념과 지식까지도 요구하고 있다. 아무리 돈이 많고 권력이 있다 하더라도 사회적 약자를 배려하고 불의에 맞설 수 있는 인성이나 신념이 결여되어 있다면 중산층이라 할 수 없다는 것이다. 10,000달러가 안 되는 콜롬비아, 엘살바도르, 멕시코, 과테말라 등 중남미국가와 무려 3~4배 가난하지만, 30,000달러가 넘는 캐나다, 오스트리아, 영국, 미국, 이탈리아, 스위스, 노르웨이의 행복지수는 같다고 한다.

8. 어떻게 하면 행복하게 살 수 있을까

사람의 삶은 원하는 것이 이루어지면 만족하고 이루어지지 않으면 불만족하게 된다. 인생은 불만족스러우면 괴롭다. 즐겁고 원하는 것이 이루어지면 행복하고 이루어지지 못하면 불행하다. 행(幸)과 불행(不幸)! 원하는 것과 원하지 못하는 것이 왔다 갔다 하는 것이 불교에서는 윤회(輪回)라고 한다. 행과 불행을 고통(고:苦)와 즐거움(락:樂)이라 하는데, 사는 동안 하루에도 고락(苦樂)이 항상 수레바퀴처럼 늘 도는 것이 인생이다. 여기서 벗어나는 것을 불교에서는 해탈이나 열반이라 한다. 고통은 지옥이고 즐거움은 천당이다. 우리는 지옥에 안 가고 천당에 가는 것이 목표가 아니라 지옥이고 천당을 벗어나는 것이 진정한 삶의 목표다.

오늘 한 남자가 애인을 만나기로 한 것을 살펴보자. 애인을 만나러 갔다가 애인이 늦게 오면 짜증이 난다. 그러나 애인으로부터 가고 있다고 전화가 오면 바로 기분이 좋아진다. 그러다가 많이 늦어지면 짜증이 다시 났다가 와서 늦어서 죄송하다고 하면 기분이 좋다. 그리고 같이 밥을 먹고 돈은 네가 내라고 하면 기분이 나쁘다. 이렇듯이 인생은 고통과 즐거움이 반복되는 것이다. 고통은 고통이다. 즐거움도 또한 고통이다. 이 전체를 합해서 고통이라고 한다. '인생이 고통이다!'라는 말은 인생은 고락이다. 그래서 즐거운 것도 영원한 것이 아니고 괴로운 것도 영원한 것이 아니다. 영원히 천당 가고 영원히 지옥 가는 것은 없다. 복을 지어서 좋은 일을 하면 천당에 가고, 가서 복을 깎아 먹으면 떨어지고, 죄를 지어 지옥가면 죄 값을 치루고 다시 올라오는 것이다. 고락은 매일 바뀐다. 내 뜻대로 안된다고 불만족 때문에 괴로워하면 고락에서 벗어날 수가 없다.

고락에서 벗어나려면 세상이라는 것은 본래 내가 원하는 데로 다 될 수 없는 것이다. 될 수도 있고 안 될 수도 있다. 되면 되서 좋고 안 되면 안 되서 좋다. 안 되는 것도 나쁜 것이 아니라 안 되는 것도 좋은 것이다. 이런 선문답을 통해 우리는 배워야 한다.

결혼해서 약속을 지키지 않는다고 해서 이 사람이 거짓말 것인가? 그렇지 않다. 그 때는 그런 마음이었는데 지금은 현실의 상황이 바뀐 것이다. 단지 그때는 그런 마음이 든 것이다. 원래 배신은 없다. 사람들은 살다가 어떠한 결정을 할까 말까 망설이는 경우가 있다. 이것은 생각이 반반이라는 것이다. 결국 한 가지를 선택한다 하더라도 다른 점이 보이기에 후회하게 된다. 본인이 결정하게 되면 그렇게 함으로써 돌아오는 불이익에 대해 책임을 져야한다. 결국 선택의 문제이다.

지식이 없으면 무식하다하고 지혜가 없으면 어리석다고 한다. 지식이 없으면 손해 볼 일이 많고 지혜가 없으면 괴로운 일이 많다.

9. 내 중심으로 살아야 할까

살아가면서 나를 중심으로 살아가는 것이 올바른 길일까? 중국은 중화사상(中華思想)이란 세계에서 중국문화가 최고이며 중국을 중심으로 하여 모든 것이 이루어진다는 중국의 민족사상이다. 세계를 중화국가와 그 외부의 이적(夷狄)으로 구분하는 사상으로 화이사상(華夷思想)이라고도 한다. 즉 내가 아닌 남을 오랑캐로 보았다. 유대인들 역시 자기 민족만이 종교적인 의미에서 신이 특정한 민족 혹은 사람들을 구원하기 위하여 선택했다는 선민사상(選民思想)으로 넓은 뜻으로는 어떤 민족이나 사람들이 자기들만이 우월하다고 생각하는 사상이다. 그 대표적인 것이 유대교의 이스라엘 선민사상이다. 이스라엘에는 본래 선민의 사상이 있어 자기네 민족은 야훼로부터 특별히 선택받은 민족이라고 생각하였다. 우리도 중국 사람을 '뙈놈', 일본 사람을 '왜놈', 서양 사람을 '양놈'이라고 부른 적이 있다.

왜 이렇게 해야 민족마다 스스로 우월하다고 주장하고 다른 민족을 폄하할까? 자기만족이 아닐까? 조심스럽게 생각한다. 어느 누구도 중국인이나 서양인이나 일본인이나 유대인이나 우리 입장에서는 그저 평범한 사람들이다.

이런 논리로 생각해본다면 사회생활을 하면서 좁게는 가정생활을 하면서 내가 중심인 세상으로 살아간다면 어떨까? 쉽게 말해서 '내가 잘났다!'고 내가 주장하고 다닌 다면 사회생활에서는 왕따를 당할 것이며, 가정생활에서는 형제 자매간에 불화가 지속될 것이 분명하다. 그럼 내 중심으로 산다는 것은 바르지 못한 걸까? 사람은 모두가 이기적이다. 다시 말해서 먼저 자기 자신을 생각하고 여력이 있을 때 남의 처지를 생각한다는 것은 불변의 진리이다. 그것이 가정이란 울타리에서는 가능하다. 가족 구성원 간에 누군가가 가족이 아닌 타인으로부터 그것이 억울한 일이든 아니든 간에 집에 얼굴 표정이 좋지 않거나 맞은 흔적이 있거나 불편한 심정으로 들어오면 가정은 모두 이유야 어떻든 간에 자신의 가족이 위로를 해주고 무조건 가족 편을 든다.

여기에 해법이 있다. 사회에서는 내가 아닌 남을 위해 배려해야한다. 내가 아무리 옳고 똑똑하더라도 그것은 한 순간이다. 사회생활을 잘하려면 남에게 원한을 주는 단 한마디 말이나 행동을 해도 안 된다는 것이다.

그래서 우리 조상들은 '밖에 나가 출세하려면 집에다 간을 빼놓고 다녀라!'는 말이 있다. 아무리 좋은 관계라 해도 불가근불가원(不可近不可遠), 대인 관계를 함에 있어 적당히 거리를 두라는 것이다. 직장 생활을 해보면 이 말이 무슨 말인지 잘 이해할 수 있다. 직장에서 퇴사를 하면 처음 한 달은 동료들로부터 연락도 오고 서로 위로주(慰勞酒)도 한다. 그러나 시간이 지나면서 특별한 관계가 아닌 이상 남보다 못한 존재가 되는 것이 다반사이다. 이는 서로의 관심사가 다르고 서로 더 볼 일 조차 없어졌다는 것이다.

남아공의 만델라는 흑인의 인권을 위해 싸우다가 교도소에 투옥되고 후에 국민의 대통령으로 선출되었다. 그는 인생은 대의멸친(大義滅親)으로 얼룩진 삶이었다. 대의멸친이란 나라와 민족을 위하는 일에는 부모나 형제의 정도 돌보지 않는다는 뜻이다. 자신의 목숨을 걸고 투쟁을 멈추지 않는 그의 모습은 많은 국민들에게 희망과 용기를 주었다. 어떤 상황에서도 좌절과 포기를 모르는 그가 보여준 강인한 신념과 용기는 노벨 평화상을 받았다.

그러나 나와 가족은 다르다. 가족은 나를 보호해주는 가장 위대한 울타리이다. 평생을 같이 살면서 나의 단점과 장점 등 나의 역사를 안다. 피로 맺어진 관계를 떠나 입양을 해서 가족의 일원이 되어도 같다. 인간은 친숙해지기 위해서는 오랜 시간이 필요하다. 그리고 모든 것을 알 때 내가 중심이 되어 살아갈 수 있는 것이다.

10. 누구를 위해 사는가

사람은 이기적인 동물이다. 그러니 두 눈은 앞에만 달려 뒤를 볼 수 없고, 두 귀는 몇 안 되는 사이클만 들을 수 있다. 보고 듣는 것 이외에는 할 수가 없다. 그런데 이 두 가지 기능이 잘 쓰이고 있을까? 두 눈과 귀로 인해 사회생활을 하면서 자신이 아닌 다른 사람으로 살아가는 것은 아닐까? 나 자신의 당당함 보다는 남에게 보여 주기 위하여 두 눈이 쓰이는 것은 아닐까? 남의 말을 두 귀로 듣다보니 귀가 얇어서 친구를 잃고 동료를 잃고 가족을 잃어버리는 것은 아닐까? 질문만 하다 보니 답이 없다.

필요에 의해 만남이 지속되고 자신의 생각이나 필요가 없으면 만남도 아무 의미 없이 사라진다. 특히 사람간의 관계는 서로 같은 집단이나 이익의 필요성에 따라 만났다가 헤어지고 서로의 이익에 상충되면 더 이상 만남은 지속되지 않는다. 사회생활을 하면서 가면(假面)으로 위장하고 바른 말을 못하면서 아니 솔직히 자신의 속마음을 대로 자신의 의지대로 산다고 자신의 가슴에 손을 얹어 놓고 고백을 해본다면 내가 얼마나 가식적으로 살고 있는지 알 것이다. 결국은 가면으로 자신의 삶을 사는 이기적인 동물이다.

그러면 어떻게 사는 것이 당당한 삶인가? 부자를 보며 나는 가난하게 태어나서 평생을 이렇게 고생하며 살아야 하는가? 아니면 돈이 없어 사고 싶은 것 좋은 집, 물건을 사지 못해서 남하고 비교하는 아니 비교 당하는 사회에서 실패자가 된 아주 더러운 기분으로 한탄만 하고 살 것인가? 답은 나를 잘 알고 내 탓을 남의 탓으로 돌리지 않고 그 안에서 감사하고 기뻐하고 살면 당당하게 사는 것이다. 법륜 스님은 “내가 잘 곳이 있고,

먹을 것이 있고, 약간의 돈만 있다면 가장 행복한 삶을 마음먹기에 따라 살 수 있다."고 해법을 주었다.

11. 인간은 어떻게 이루어질까

사람은 태어나면서 주먹을 쥐고 "앙! 앙!" 울면서 세상과 맞이한다. 그러면 사람이 인간이 되는 과정은 어떨까? 맹자의 성선설과 순자의 성악설이 있다. 태어나면서 선하게 악하게 태어났다고 한다. 내가 자식을 키워보니 나는 그 둘도 아닌 '사람의 본성에 수없이 반복된 교육으로 이루어진 집합체'라는 결론에 도달했다. 간난아이는 '완벽한 아기'(Perfect Baby)라고 한다. 아기는 단 한 가지 언어인 '울음'으로 소통한다. 배고픔과 아픔을 표현하면서 자신의 생존을 위해 의사표시를 배울 수 있는 1년의 기간 동안 자구책을 강구한다. 이때가 지나면 3살 때까지 부모로부터 서로의 소통 수단인 '말'을 배운다. 그 말의 의미는 수없는 반복 교육을 통하여 인식을 하게 되며 4살이 되어야 자기표현을 한다. 그때까지 부모가 하는 일은 같은 말을 반복하고 그림책과 동화를 말이나 TV나 휴대폰 동영상을 통해 동요나 각종 삶에 필요한 지식을 가르친다. 그러한 수없는 교육을 통해 인간이 만들어진다. 여기에 부모로부터 이어 받은 기본 성품이 교육을 통해 순화되거나 본성으로 그대로 남아 자기만의 인간의 삶을 살아간다.

어느 날 갑자기 기억상실(amnesia)이 오는 경우를 우리는 주변에서 보고 놀란다. 기억상실의 종류도 다양하다. '해리성 기억상실증'은 뇌에 별 이상은 없으나 스트레스나 충격적 사건에 대한 기억 재생에 장애가 있는 것으로 과거의 일정 기간에 대한 기억까지도 상실이 된다. '기질성 기억상실증'은 뇌의 손상으로 개인의 사회적 직업적 기능에 현저한 지장을 초래할 정도의 기억 상실의 범위가 넓고 특정 시기의 경험 전체를 잃어버리는 경향이 나타난다, '역행성 기억상실증'은 뇌의 손상이 발생하기 전의 일들을 기억하지 못하는 것으로 뇌 손상 시점으로부터 얼마 지나지 않은 때의 일은 기억 못하지만 아주 오래된 일들은 잘 기억하는 것이 특징이다. 마지막으로 '선행성 기억상실증'은 뇌의 손상이 발생한 이후의 일들을 제대로 기억하지 못하는 것으로 크리스토퍼 놀란 감독의 영화 '메멘토'(Memento)를 통해서 잘 알려진 바 있다.

만약에 기억상실증이 살다보면 누구에게나 일어 날 수 있다는 가정을 할 때 다시 일이나 교육을 통해 하나의 온전한 인간으로 돌아올 수 있다. 이러한 것을 본다면 '사람은 교육으로 시작해 교육으로 인간이 만들어지는 것이다!'라고 생각할 수 있다.

그렇다면 교육의 힘이 얼마나 중요할까? 우리는 스스로 알아서 눈으로 만물을 보면서 배우기도 하고 부모나 타인으로부터 교육을 통해 인간이 되는 지식과 지혜를 배운다. 그 교육으로 인한 결과로 한 인간의 평생의 삶의 바탕이 된다. 바른 인간을 만들어 내기가 얼마나 많은 노력과 공이 들어가는 지 느꼈을 것이다.

유대인은 노벨상 수상자의 22%, 미국에서는 변호사의 15%, 의사의 15%, 400대 재벌의 23%가 유대계가 그것도 상위 40대 재벌의 무려 40%가 유대계라고 할 정도로 파급력이 막강하다. 유대인이 가장 자랑스럽게 생각하는 것은 가정교육이다. 유대부모의 역할은 가르치는 사람이 아닌 보여주는 사람이다. 교육은 신사를 만든다. 유대인들은 자식들에게

"너희들이 사회를 주관하는 사람이다. 내면이 좋은 사람이 외면이 좋다. 변화를 주도하고 변화하는 사람에게 영향을 줄 수 있는 사람이 되어야 한다."고 가르친다고 한다. 유대인은 유아시절부터 5세까지 『토라』(Torah: 모세 오경인 「창세기, Genesis, 創世記」「출애굽기, Exodus, 出埃及記」「레위기, Leviticus, 一記」「민수기, Numbers, 民數記」「신명기, Deuteronomy, 申命記」)를 자연스럽게 암송을 시작하고, 10세에 '미슈나'(Mishnah)를 공부한다. 15세부터는 『탈무드』(Talmud: '배움, 가르침, 연구'라는 뜻으로 히브리어로 된 말로 내려오는 율법을 6000페이지 분량의 책)를 죽을 때까지 공부한다. 유대인의 성인식, '브나이 미츠바'(B'nai Mitzvah)는 남자아이는 13세, 여자아이는 12세에 유대교의 규율에 따라 개인의 행동을 스스로 책임질 수 있는 나이에 도달했다고 인정하는 행사로 부모가 1년 전부터 준비하여 가족, 친지와 모든 지인들이 초대하여 축복해주는 가장 큰 행사이다. 우리나라의 성인식이 하루를 보내는 큰 의미가 없는 행사임을 비한다면 본보기로 삼을 만하다.

교육은 한 인간을 만든다. 평생을 배우는 자세로 산다면 얼마나 행복한 일인가!

12. 인간관계는 어떻게 해야 할까

사람은 어디를 가든 사람간의 만남이 이루어지는 공간에 산다. 취미나 자신의 동기부여로 들어간 모임에도 모임에 순응하려면 시간이 지나면서 규칙이 만들어진다. 그리고 그 규칙으로 인해 모임이 단단해지기도 흩어지기도 한다. 사람들은 같이 지내는 것이 참 어렵고 힘들다.

그러면 무엇으로 단단해지거나 흩어지는가? 단단해지려면 단 한 사람이라도 서운함이 없어야 하며 타인에 대한 배려가 있다면 그 모임은 성공하고, 모임을 주도하려고 하고 자기의 주장을 관철하려는 사람이 많을수록 흩어진다. 어떤 모임은 단 한 사람의 독특한 성격으로 와해되기도 한다.

지금은 페이스북이나 카카오톡 등 SNS의 발달로 친구들이나 다른 사람들과 실시간으로 소통을 하고 있다. 그러나 친구들과의 만남의 시간은 더 줄어들고 단순히 나는 너를 알고 있다는 정도로 각박해졌다. 순간 내가 무엇을 위해 이것을 하고 있나하고 회의감이 들기도 한다. 휴대전화가 도입되기 전에는 유선전화와 전보 이외에는 서로 소통하는 방법이 없었다. 그래도 그 시절 소통이 안 되어 단절되는 일은 없었고 자주 직접 만남을 통해 서로의 관계를 돈독히 했다.

성공적인 인간관계는 서로의 존중에서 시작된다. 삶의 행복과 불행은 인간관계에 달려 있다고 보아도 과언이 아니다. 인간관계(human relations)란 구체적 생활환경에 있어서 사람과 사람과의 사이에 생기는 심리작용으로 언어의 작용을 기본적 조건으로 하는 의사소통에 의해 대표된다.

사람은 감정을 말로 표현하는 호모사피엔스다. 우리는 표현에 익숙하지 못하다. 좋으면 좋다고 표현해야 하며 고마우면 감사하다는 표현을 해야만 한다. 미안한 일이 있으면 미안하다고 사과할 줄 아는 사람이 진정성이 있는 사람이다. 감사한 일이 있거나 미안한 일이 있어도 표현하지 못하면 상대방은 나의 마음을 알아주지 못한다. 더욱 더 중요한 것은 만남은 얼굴을 보고 서로의 시간을 갖는 것이 훨씬 좋다는 것이다. 온라인상에서 만나는 것은 시간을 절약할 수 있는 이점은 분명히 있다.

그러나 직접 만나서 얼굴을 보며 서로의 시간을 갖는 것에 비할 수는 없다. 가끔은 손으로 정성되게 글로 써서 보내기도 하고 바쁠수록 좋은 사람들과 대면의 시간을 갖고 인간관계를 한다면 그래도 괜찮은 인생이 되지 않을까?

13. 인간관계에서 나타나는 믿음이란 무엇일까

인생을 잘 살기 위해서는 '네 명의 어른'을 잘 모셔야 한다. 네 명의 어른이란 '아버지, 선생님, 사장, 아내'이다. 어릴 적 에는 아버지와의 관계를 잘 하고, 학교에 가면 선생님께, 회사에선 사장에게, 가정에서는 아내와의 관계를 잘 처신해야 인생이 행복해 질 수 있다고 한다. 그중 가장 중요한 것은 무엇일까? 어느 하나 소홀이 할 수가 없다. 모든 것은 원인이 있고 결과가 있다. 속담에 "될성부른 나무는 떡잎부터 알아본다."와 "콩 심은데 콩 나고 팥 심은데 팥 난다."를 되새기어 보자. 인생은 하루가 아니고 평생 동안 일궈야 한다. 인간관계에서 나타는 믿음 또한 하루아침에 이루어지는 것이 아니다.

상대방에게 손바닥을 보여 달라고 하면 몇 가지 반응이 나타난다. 첫째는 손을 거두며 "손바닥을 보고 뭐하시려고요?" 이런 반응은 상대방에 대한 '불신임'이다. 둘째는 본인이 먼저 보고 난 후 자신의 손바닥을 보여주는 행위입니다. 이를 '제한된 신임'이라 합니다. 셋째는 두말하지 않고 한 손을 내밀며 "보세요!", 이는 '기본 신임'이라한다. 넷째는 두 손을 모두 내밀며 보라고 하는 것이다. 이를 '완전 신임'이라 부른다. 마지막으로 양 손바닥을 똑바로 세워 보여주는 것이다. 이를 '과도한 신임'이라고 한다. 상대방에게 신뢰를 얻는 방법은 상대방에게 자신의 허점을 보이고 의탁하는 것이다. 허점을 보이는 것은 누구도 싫어하는 자기 방어이다. 결국 상대방에게 신뢰를 얻는 방법은 의존하는 모습을 보여줌으로써 감정적인 지지와 신임을 얻을 수 있는 것이다.

믿음은 '상대방에 보내는 조건 없는 신뢰'다. 종교적으로는 신과 사람 간에 천주교인과 기독교인들이 하나님, 무슬림들이 알라, 유대인이 야훼를 믿는 것과 같다. 사람 간의 신뢰는 하루아침에 이루어 지지 않는다. 오랫동안 서로를 알면서 자연스레 구축되는 관계이다. 반면에 직장에서 상하관계에 있는 신뢰는 직장생활을 할 때만 존재한다. 이런 사람간의 신뢰는 한 순간에 오기도 하지만 오랜 세월을 같이 한 동료에게서나 선배에게서도 한 순간에 깨지기도 한다. 친한 사이에는 '돈 거래를 하지마라!'는 금어도 있다. 물론 다 맞는 말은 아니다. 극히 드문 일이지만 그중에는 돈 거래를 통해 더욱 더 신뢰를 돈독하게 할 수 있다. 가족의 힘은 무한한 믿음에서 온다. 서로 아껴주고 이해해주고 격려해주고 사랑하기 때문이다. 이것이 깨질 때 해체되는 가족을 주변에서 많이 보아왔다.

14. 하고 싶고 갖고 싶은 것은 언제 할 수 있을까

사람이 태어나서 하고 싶은 것과 사고 싶은 것을 하면서 살 수 있다면 얼마나 행복한 일일까? 이 모든 것이 때가 있는 법이다. 먼저 하고 싶은 것을 살펴보자면 어린 시절에는 갖고 싶은 것과 놀고 싶은 것이 많다. 이것은 부모가 능력이 있을 때 가능한 일이다. 갓 난 아이 시절부터 유치원까지 놀이와 교육을 위하여 사들이는 것은 나이에 맞는 장난감과

책이다. 아이를 키워 본 부모님들은 잘 알겠지만 집안이 장난감으로 쓰레기장을 방불케 한다. 또한 나이 대에 맞는 다양한 책을 사서 어린이로 성장하게 만든다. 초등학교에 들어가서 중학교 고등학교를 거치면서 학교생활과 방과 후 과외활동을 하느라 그리고 대학을 가기 위한 준비를 위하여 학업에 열중한다. 요즈음은 부모들이 학창시절 국내로 해외로 견문을 넓혀주려고 동반 여행을 많이 가는 추세이기도 하지만 가정경제를 감안하여 몇 차례 정도 다녀오는 정도이다. 대학에 들어가면 인생에서 가장 아름답고 멋진 그야말로 무엇과도 바꿀 수 없는 시대가 찾아온다. 피어나는 청춘의 몸에는 하얀 티셔츠에 청바지 아니 무엇을 입어도 눈부시게 아름답고 멋지다. 이제부터는 쇼핑에 취미가 생기면서 백화점이나 유명 쇼핑몰을 가서 갖고 싶은 것이 태산을 이룬다. 그러나 현실은 정작 가진 돈이 없다. 일부는 부모의 능력을 빌려 좋은 차와 명품 옷을 입고 다니는 친구도 있지만 대부분 현실은 그저 그림의 떡이다. 그리고 세상에는 좋은 것도 많고 먹고 싶은 것도 많고 즐길 것도 많다고 느끼기 시작한다. 그러나 현실 여건은 부모에게 손을 벌릴 수는 없는 것이 현실이다. 그렇다면 이런 걸 다 갖는다면 행복할까? 아마 그 시절에는 과시욕도 있을 것이다. 돈의 능력을 그 때 배우는 것이다. 대학을 졸업한 후 직장 생활을 하면서 여자는 옷과 가방을 사고 남자는 옷과 다양한 스포츠 활동에 투자한다. 이제 돈의 소중함을 알면서 저축을 하게 되고 결혼을 위한 준비를 하게 된다. 요즈음 결혼 나이가 여자와 남자 모두 30세를 훌쩍 넘겨서 하는 추세이다. 그 하나의 이유는 돈을 벌어 본인이 즐거워하는 다양한 분야에 돈을 쓰는 것이다. 그리고 결혼을 위한 저축을 하는 것이다. 이제 결혼을 하고 아이를 낳는 것은 2차적인 문제가 되었다. 최근 연간 40만도 안 되는 아이가 태어나고 있어 미래를 어둡게 하고 있다.

욜로(YOLO, you only live once)라는 신조어는 '인생은 한 번뿐이다!'라는 뜻으로 미래를 위하여 현재를 희생하기보다는 현재를 즐기려는 사람들까지 나타나고 있는 추세이다. 결혼을 하고 가정을 꾸리고 직장생활을 하면서 아이를 낳으면 수십 년이 넘는 장기 육아에 들어간다. 어리면 어린 대로 크면 큰 대로 부모의 끝없는 정성 어린 손길이 건강한 아이로 키운다.

그러면 하고 싶은 것은 언제 할 수 있나? 러시아를 대표하는 위대한 작가이자 사상가인 레오 톨스토이에게 어느 신문기자가 "당신에게 가장 중요한 때는 언제인가? 당신에게 가장 중요한 일은 무엇인가? 당신에게 가장 중요한 사람은 누구인가?"라는 질문을 했다. 그러자 그는 "당신에게 가장 중요한 때는 현재이며, 당신에게 가장 중요한 일은 지금 하고 있는 일이며, 당신에게 가장 중요한 사람은 지금 만나고 있는 사람이다." 결국 하고 싶은 것은 때를 기다리지 말고 바로 지금 나의 모든 능력이 허용하는 범위 내에서 무엇이든 스스로 만족할 수 있는 것을 하면 되는 것이다. 때가 지나면 남는 것은 "그때라도 해볼 걸!"이라는 후회뿐 이다. 한 가지 비근한 예로 나이 들어 돈도 있고 시간이 있어 여행을 한들 젊은 시절 친구와 무전여행이라도 떠난 것에 비할 바가 되겠는가?

15. 말이라는 인격은 무엇인가

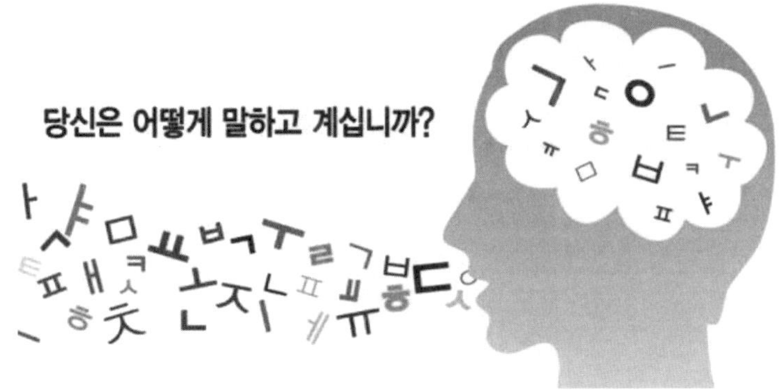

소크라테스와 아리스토텔레스로 이어지는 소통의 원조는 대중 스피치의 수사학(修辭學)으로 '주어진 상황에서 설득에 사용할 수 있는 모든 수단을 발견하는 기술'이라고 정의하고 있으며 에토스(ethos: 화자의 진정성), 파토스(pathos: 화자의 감정), 로고스(logos: 화자의 논리)가 대화자로 하여금 믿음을 갖게 하는 요소라고 한다.

에토스는 대화의 60%를 차지하며 품성이나 품격에서 나오는 인간적 신뢰감, 즉 인격이며, 파토스는 30%를 차지하고 감성적 호소력, 즉 감성이며, 로고스는 10%를 차지하고 논리적 구속력, 즉 이성에 해당한다고 하였다. 우리 속담에 '말은 되로 주고 말로 받는다.' 그만큼 신중해야 한다.

고려시대의 장위공 서희는 고려와 거란의 한판 승부가 숨 가쁘게 펼쳐진 탁월한 외교 능력과 협상 리더십을 보여 준 역사적 인물이다. 서희는 싸우지 않고 오로지 세 치 혀로 송, 거란, 고려 세 나라가 대치하던 고려 초기의 시대상과 국제 관계를 평화 외교를 펼쳤던 인물이다.

☞ 993년(성종 12) 거란이 고려를 침입했다. 봉산군을 함락시킨 거란 장수 소손녕은 공문을 보내 알렸다. "80만의 군사가 도착했다. 만일 강변까지 나와서 항복하지 않으면 섬멸할 것이니, 국왕과 신하들은 빨리 우리 군영 앞에 와서 항복하라." 건국 75년 만에 고려에게 국운을 위협하는 심각한 국가적 재난이 찾아온 것이다. 성종이 중신들을 둘러보며 물었다. "누가 거란 영문으로 가서 언변으로써 적병을 물리치고 만대의 공을 세우겠는가?" 아무도 응답하지 않았다. 장영이 살아서 돌아오긴 했지만, 대신을 불러 죽이려는 함정일지도 모르는 자리였다.

이때 서희가 자원했다. "제가 비록 불민하나 어찌 감히 왕명을 받들지 않겠습니까?" 성종은 개성 북쪽 예성강가 까지 나아가 서희의 손을 잡고 위로하며 전송했다. 그렇게 제3차 회담이 시작되었다. 서희는 국서를 가지고 소손녕의 영문으로 갔다. 기를 꺾어 놓을 심산이었던 듯 소손녕은 "나는 대국의 귀인이니 그대가 나에게 뜰에서 절을 해야 한다."고 우겼다. 거란의 군사가 가득한 적진에서 서희는 침착하게 대답했다. "신하가 임금에게 대할 때는 절하는 것이 예법이나, 양국의 대신들이 대면하는 자리에서 어찌 그럴 수 있겠는가?" 소손녕이 계속 고집을 부리자 서희는 노한 기색을 보이며 숙소로 들어와 움직이지 않았다. 자신의 생명은 물론 나라의 운명이 달린 자리였으나 서희는 한 나라의 대신으로서 자존심을 굽히지 않았다. 거란이 전면전보다 화의를 원하고 있다는 판단을 내렸기에 가능했던 행동이었다. 결국 소손녕이 서로 대등하게 만나는 예식 절차를 수락하면서 첫 번째 기 싸움은 서희의 승리로 돌아갔다. 서희와 소손녕은 마주서서 서로 읍한 후 당상으로 올라와 서쪽과 동쪽에 자리를 잡고 앉았다.

본격적인 담판이 시작되었다. 먼저 소손녕이 물었다. "당신네 나라는 옛 신라 땅에서 건국하였다. 고구려의 옛 땅은 우리나라에 소속되었는데, 어째서 당신들이 침범하였는가?" 광종이 여진의 땅을 빼앗아 성을 쌓은 일을 두고 하는 말이었다. 소손녕이 제기한 이 물음은 이번 정벌의 명분에 대한 얘기로 '누가 고구려의 옛 땅을 차지하는 것이 정당 한가?' 하는 매우 중요한 논점이다. 서희는 조목조목 반박했다. "그렇지 않다. 우리나라는 바로 고구려의 후예이다. 그러므로 나라 이름을 고려라 부르고, 평양을 국도로 정한 것 아닌가. 오히려 귀국의 동경이 우리 영토 안에 들어와야 하는데 어찌 거꾸로 침범했다고 하는가?" 한 치의 틈도 없는 서희의 논리에 소손녕의 말문이 막히면서 고구려 후계론 논쟁은 일단락 지어졌다. 마침내 소손녕이 정벌의 본래 목적을 얘기했다. "우리나라와 국경을 접하고 있으면서 바다 건너에 있는 송나라를 섬기고 있는 까닭에 이번에 정벌하게 된 것이다. 만일 땅을 떼어 바치고 국교를 회복한다면 무사하리라." 국교의 회복 그러니까 송나라를 섬기지 말고 거란을 섬기라는 의미이다. 송과 손을 잡고 있는 고려를 자신들의 편으로 돌아 앉혀 혹시 있을 송과의 전면전에서 배후를 안정시키는 것, 그것이 거란의 본래 목적이었다. 압록강 안팎도 우리 땅인데, 지금 여진이 그 중간을 점거하고 있어 육로로 가는 것이 바다를 건너는 것보다 왕래하기가 더 곤란하다. 그러니 국교가 통하지 못하는 것은 여진 탓이다. 만일 여진을 내쫓고 우리의 옛 땅을 회복하여 거기에 성과 보를 쌓고 길을 통하게 한다면 어찌 국교가 통하지 않겠는가? 그들이 원하는 것을 알았지만 바로 그 답을 주지 않았다는 것이 서희의 탁월함이다. 서희는 국교를 맺기 위해서는 여진을 내쫓고 그 땅을 고려가 차지해야 가능하다며 조건을 내걸었다. 소손녕이 회담의 내용을 거란의 임금에게 보내자 고려가 이미 화의를 요청했으니 그만 철군하라는 답이 돌아왔다. 그리고 고려가 압록강 동쪽 280여 리의 영토를 개척하는 데 동의한다는 답서도 보내왔다. 비록 그들의 요구대로 국교를 맺어 이후 일시적으로 사대의 예를 갖추지만, 싸우지 않고 거란의 대군을 돌려보내고, 오히려 이를 전화위복 삼아 영토까지 얻었으니 우리 역사상 가장 실리적으로 성공한 외교다.

16. 말이 길흉화복을 만든다

잔소리는 '쓸데없이 자질구레한 말을 늘어놓음. 또는 필요 이상으로 듣기 싫게 꾸짖거나 참견함'을 의미한다. 아름다운 잔소리는 없다.

부부간 가장 싫어하는 것이 있다. 그것은 '잔소리'다. 서로의 주장을 하다 보니 처음에는 충고나 조언으로 시작하여 급기야 말다툼으로 번지고 심해지면 폭력으로 번지고 더 쌓이면 이혼을 하는 중요한 사유가 된다. 애완견을 키워보면 듣기 싫어하는 말이나 꾸중을 하면 애완견은 구석에 가서 머리를 처박고 있다. 하물며 애완견도 그런데 사람은 오직하겠는가? 사랑한다면 상대에게 같은 말이나 듣기 싫어하는 말을 가급적으로 하지마라. 단 한번이라도 상대가 듣기 거북해하고 잔소리로 생각한다면 다시는 하지 않겠다는 마음의 약속을 해야 한다. 더 중요한 것은 내가 말하는 횟수보다 상대방의 말을 들어주는 배려가 더 중요하다.

중국 전국시대 사마천은 『사기』 열전에서 전국시대 말기 진(秦)나라 백기(白起)에 대한 이야기를 살펴보자. "백기는 천하 명장이었다. 적의 능력을 잘 파악해 이에 따라 전략을 세워 전쟁터에서 큰 공을 세웠다. 하지만 동료이자 경쟁자인 범수와 사이가 멀어지면서 비참한 최후를 맞은 것이다. 왕전과 더불어 전국시대 최고의 명장이었지만 인품이나 처세에서 결점이 있었다. 자고로 한 자가 길긴 하지만 상대적으로 더 긴 것과 비교하면 짧고, 한 치는 짧긴 하지만 상대적으로 더 짧은 것만 비교하면 길다. 한 자가 상황에 따라 한 치만 못한 것처럼 사람도 마찬가지다. 누구나 장점과 단점이 다 있는 것이지만 사람은 넘치는 것이 모자라는 것보다 결코 낫지 않다."

☞ 진나라 소양왕과 백기의 이야기를 해보자. 백기는 장평대전 승리의 여세를 몰아 조나라 수도 한단으로 진군했다. 조나라 군은 총력 수비로 맞섰지만 그야말로 풍전등화의 위기였다. 진나라 군은 막강했고 이미 조나라 군사와 백성들이 백기에게 두려움을 품고 있어 한단 함락은 시간 문제였다. 조나라 소대는 온갖 보물을 갖고 진나라 승상 범수를 찾았다. "승상, 백기의 공이 지금 하늘을 찌르고 있습니다.

가히 진나라의 지금 위세에 백기가 제일입니다. 장차 승상께서도 백기의 발아래에 서야 할 것 같습니다. 조나라는 진나라에게 중요한 성을 드리겠습니다. 화친 제의를 받아주시길 바랍니다."라고 하자, 범수는 소대의 제안을 받아들였다. 곧바로 소양왕을 찾아 "지금 우리 군대는 지쳐있습니다. 한단은 조나라의 수도로 총력으로 방어하고 있습니다. 쉽게 함락하기 어렵습니다. 조나라에서 성을 바친다고 하니 군대를 돌려 재충전의 시간을 갖는 것이 우리 군의 희생을 줄이는 방법입니다."라고 하자, 소양왕은 범수의 제안을 받아들여 백기에게 철수 명령을 내렸다. 백기는 소양왕의 결정을 따르면서도 불만이 가득했다. 다 된 밥에 재를 뿌린 것이라는 생각에 소양왕과 범수를 원망하는 마음을 갖게 되었다. 3개월 뒤 소양왕은 한단에서 백기를 철수시킨 것을 후회했다. 다시 군대를 조나라로 출전시킨 소양왕을 백기에게 사령관을 맡겼다. 백기는 “지금은 때가 아닙니다. 조나라의 군이 철통 방어를 하고 초나라, 위나라가 협공을 하면 아군이 위험에 빠지게 됩니다.”라고 조언했다. 소양왕은 듣지 않았다. 그는 왕릉에게 군대를 맡겼다. 하지만 왕릉의 군대는 백기의 예견처럼 조나라와 연합군의 공격을 받고 참패했다. 초나라 춘신군, 위나라 신릉군이 10만 명의 대군을 이끌고 진나라 군을 친 것이다. 백기는 “그것 봐라, 내 말을 듣지 않고 조나라를 공격하니 이렇게 참패한 것이다.”라고 소양왕을 비아냥거렸다. 소양왕은 백기가 함부로 입을 놀린 것을 알고도 다시 한 번 군대의 지휘를 맡겼다. 하지만 이번에도 백기는 병이 중하다는 이유로 출전을 거부했다. 소양왕은 왕흘을 대장군으로 다시 조나라 정벌군을 출전시켰다. 하지만 이 원정군도 조나라의 철통 수비에 막혀 참패하고 말았다. 소양왕은 치밀어 오르는 분노를 감출 수가 없었다. 진나라 군이 조나라에게 졌다는 사실도 분했지만 백기가 자신의 명령을 두 번이나 거절하고 비아냥거리는 소리를 한 것을 참을 수가 없었다. 소양왕은 백기를 대장군에서 일개 사병으로 강등시키고 함양으로 귀양을 보냈다. 백기는 귀양을 떠나면서도 불만을 토로했다. 이때 범수가 소양왕을 찾아 백기를 참소했다. “군주, 이번에 백기를 죽여야 합니다. 백기는 왕명을 거역했을 뿐 아니라 혹시라도 그가 귀양지에서 탈출해 다른 나라로 망명한다면 우리 진나라가 위험에 빠지게 됩니다. 우리가 쓰지 못할 바에는 차라리 죽이는 것이 옳습니다." 소양왕은 곧바로 사신을 보냈다. 그때 백기는 함양 인근 두우에 머물고 있다. 이때 소양왕의 사신이 달려와 백기에게 단도를 주었다. 스스로 자결하라는 뜻이었다. 백기는 칼을 손에 쥐고 한참을 생각했다. 그리고 "내가 아무리 생각해도 죽을 이유를 모르겠다. 딱 하나 드는 생각이 조나라 병사 수십만 명이 투항했을 때 그들을 모조리 생매장해 죽인 것이다. 그 원한이 사무쳐 내가 오늘 이 지경에 빠진 것이다. 단 한 번의 잔인한 실수로 인해 내가 오늘 죽는다."라고 한탄하며 결국 자결했다. 전국시대를 풍미했던 백기에게는 어울리지 않는 비참한 최후인 것이다. 백기는 죽는 순간까지 자신이 왜 죽어야 하는지를 몰랐다. 단지 떼죽음을 당한 조나라 군사의 원한이 자신을 해쳤다고 판단했다. 하지만 백기가 죽어야 할 이유는 따로 있었다. 그것은 1인자의 자존심을 건드린 것이다. 1인자는 자신을 비하하고 특히 무시하는듯한 발언과 행동을 본능적으로 싫어한다. 바로 그 역린을 건드린 것이다. 더구나 재상으로 막강한 힘을 갖고 있는 범수와 대립하면서 그의 경쟁자가 된 것도 이유 중 하나이다.

17. 일과 돈과 신용이란 무엇인가

창세기 3장에 "땅은 너 때문에 저주를 받으리라. 너는 사는 동안 줄곧 고통 속에서 땅을 부쳐 먹으리라. 너는 흙에서 나왔으니 흙으로 돌아갈 때까지 얼굴에 땀을 흘려야 양식을 먹을 수 있으리라. 너는 먼지이니 먼지로 돌아가리라."는 글귀가 있다. '선악과를 먹지도 만지지도 마라!'는 하느님의 말씀을 어긴 이브와 아담에게 내린 벌로 살아있는 한 일을 해야 한다는 성경의 한 구절이다.

사람이 성인이 되어 가족을 이루면서 해야 할 일은 가족을 위해 필요한 돈을 벌어오는 것이다. 우리나라 근로자 1700만 명 중에서 45%가 월급 200만 원 이하를 받고 있다. 2017년 5월 1일 근로자의 날은 근로기준법에 의해 유급휴일이지만 취업포털 인크루트의 조사에 따르면 한국에서 이날 직장인의 37%는 출근을 했다. 정규직은 33%, 비정규직은 거의 절반에 가까운 48%가 출근하는 것으로 조사됐다. 세계 최장 수준의 근로시간을 자랑하는 한국이다 보니 이상한 일도 아니다. 2015년 기준으로 한국 근로자의 1인당 연간 근로시간은 2113시간으로 멕시코(2246시간)를 제외하면 가장 길다. OECD 회원국 평균인 1766시간보다 347시간 더 오래 일한다.

친구와 하루를 밖에서 지내려면 지하철이나 버스를 타고 같이 밥을 먹고 커피를 마시고 당구나 스크린골프를 하고 저녁에 오면 최소 5만원은 쓰고 들어온다. 하루 등산을 버스를 타고 하루를 지방에 다녀오면 버스비와 식비 등 비슷한 돈이 든다. 현대에 사는 모든 사람들은 하루를 밖에서 보낸다면 돈이 없으면 아무것도 할 수가 없다. 이러한 돈의 위력은 나보다 가난한 사람들에게는 위세를 떨친다.

『돈이란 무엇인가』의 저자 아즈마 마사토는 '돈은 신용을 가시화한 것'이다. 사회 모든 것이 '신용'을 중심으로 돌아가고 있다. '저 사람은 신용할 수 있어!'라고 여겨지는 것과 '저 사람은 신용할 수 없어!'라고 여겨지는 것에는 하늘과 땅 차이가 발생한다. 친구나 거래처와의 약속을 지키는 것도 약속 시간에 늦지 않고 가는 것도 서류를 기일 안에 제출하는 것도 학력을 얻는 것도 모두 '신용'이라는 면에서 같다. 말과 행동, 결과가 일치하면 신용은 높아지고 일치하지 않으면 신용은 저하한다. 날마다 하는 행동의 축적으로 당신의 인간적 신용이 만들어지고 그것이 경제적 신용으로 연결되며 신용경제에서 자유롭게 살아갈 수 있는 것에 연결되는 것이다. 그리고 한번 얻은 신용에는 엄청난 힘이 있다. 신용이 있으면 경력을 높이기 쉽고 높은 수입을 얻기 쉽다. 신용이 있으면 마찬가지로 신용이 좋은 동료들이 다가온다.

돈을 어떻게 취급하는가에 그 사람의 인간성이 드러난다. 수입이 적어도 아이들의 교육비가 많이 들어도 꾸준히 저축하는 사람이 있다. 수입이 높고 아이가 없어도 저축한 돈이 거의 없는 사람도 있다. 모을 수 있는 사람과 없는 사람, 이 운명을 나누는 것은 '저축이 습관화 되어 있느냐 그렇지 않으냐!'다. 그래서 많든 적든 무조건 수입의 20%는 저축하는 습관을 들여야 한다. 상식적이지만 환기가 되는 지적이다. 나아가 돈의 교양을 습득하기 위한 최종 결승점은 여유와 자유를 누리는 상태일 것이다. 경제적으로 풍부해졌다고 해도 심리적으로 부족함을 느낀다면 사회에 아무 것도 환원하지 않기 때문이다. 사회 환원은 사회가 자신을 필요로 한다는 물증이다. '필요로 한다.'는 것이야말로 인생에서 더할 나위 없이 소중한 자기 가치를 만들어 낸다. 교양 있게 돈을 사용하는 것은 인격을 도야하는 것과 연결된다는 결론을 내린다.

인격이 도야된 사람에게는 신용이 생기고, 신용이 있는 사람에게는 돈이 모이며, 그 돈을 교양 있게 사용하는 것에 의해 더욱 인격을 쌓고 신용이 높아지기 때문이다.

18. 건강은 어떻게 지킬까

건강은 먹은 것과 일한 것에 대한 몸의 자신의 역사이다. 자신이 건강할 때는 그 중요성을 모른다. 어딘가 몸이 불편하거나 아프다는 것은 건강의 적신호이다. 이러한 현상은 유전적인 현상을 제외하고는 무리한 운동이나 균형을 잃은 식습관에서 이루어진다고 볼 수 있다. 멋진 몸을 만드는 몸짱들은 하루에 10시간 이상을 운동하면서 보낸다. 과연 그들이 건강할까? 젊어서 한 때이다. 젊어서는 소도 삶아 먹는다고 할 정도로 식욕이 왕성하다. 밤늦게까지 부어라 마셔라하면서 시간을 보낸다. 그러다가 혈압, 당뇨, 비만 등 온갖 질병수치가 늘어난다. 이를 줄여 보려고 노력을 하지만 실패하는 사람이 대부분이다. 심각한 몸의 경고를 느낄 때에는 이미 건널 수 없는 강을 지나치게 된다. 노인이 되면 식사량을 줄이고 적게 먹으면서 식사 횟수를 줄이고 한 두 차례 간식을 먹는 것도 좋은 방법이라 생각한다. 그러면 위에 대한 부담도 줄이고 비만을 줄일 수 있기 때문이다. 건강을 지키는 방법은 의외로 간단하다. 가장 좋은 방법이 잘 먹고 걷는 것이다. 음식물을 잘 먹으면 병이 걸릴 수가 없다.

몸이 아프면 우리는 대부분 병원을 찾는다. 쉽게 그리고 빠르게 고치기 위함이다. 우리 몸은 특별한 경우를 빼놓고는 몸 스스로가 건강을 회복하려는 자생적인 활동을 한다. 가급적 고생을 하더라도 병원에 가지 않는 것이다. 감기에 걸리면 병원에 가지 않고 며칠 아프면 몸이 회복된다. 의사들은 감기를 병으로 생각하지 않는다고 한다. 하물며 자식들에게도 조금 고생하면 된다고 약도 주사도 놓지 않는다고 한다. 몸에 가급적 약물 치료를 하지 않고 몸의 대항력을 높이고 약으로 인한 내성을 갖지 않게 하기 위해서라고 한다. 허리 디스크의 경우 허리디스크 진단을 국내에서 200만 명이 받는데 대부분 심한 통증으로 수술을 하는데 2006년 세계 3대 의학저널로 평가받는 미국 의사협회학회지(JAMA)에는 디스크 수술을 받은 환자와 수술을 받지 않고 물리치료나 약물치료를 받은 환자를 대상으로 한 대규모 연구결과가 발표되었는데, 2년 정도 경과를 지켜보면 차이가 없다는 것이 결론이었다고 한다. 당시 의료계에 큰 충격을 안겨줬는데 그 이후 많은 연구에서 같은 결과가 반복되었다. 지금은 허리 디스크의 80~90%는 저절로 줄어들기 때문에 수술이 필요한 경우는 10% 정도에 불과하다는 것을 많은 의사들이 상식처럼 알고 있는 사실이다. 몸이 아프면 남에게 알리기가 창피하다고 생각한다. 그러나 남에게 병을 자랑하면 그들의 많은 경험을 통해 듣고 치료방법을 스스로 판단할 수도 있다.

19. 두발로 걸어야 산다

사람은 두 발로 걷는 동물이다. 사람의 뼈는 206여개, 근육은 650여개, 골격근은 400여개라고 하며 걷기 위하여 만들어진 것이다. 사람이 걸으면 움직이는 뼈와 근육은 상당하며 움직임으로써 몸이 유지 되는 것이다. 생로병사는 사람이 태어나 늙고 병들어 죽는다는 말이다. 병이 들면 병상에 눕는다. 그러다가 결국 일어나서 걷지 못하고 죽는 것이다. 노인이 되어 걷지 못해 요양원이나 병원에서 입원하며 사는 것은 이제 죽으러 가는 준비다. 여생을 누어서 있다가 갖은 욕창이나 다른 합병증으로 고생하다 생을 마감하는 참으로 안타까운 것이다. 나는 그럴수록 걸을 수 있다면 입원 보다는 '걷는 것이 답이다!'라고 생각한다. 건강한 삶이란 걸을 수 있도록 유지하는 삶이다. 걸을 수 있다면 결국 죽지 않는 것이다.

이러한 걷기는 태어나서 1살이 지나면 걷기 시작한다. 초중고 시절에 걷고 뛰며 근력을 키운다. 그때 얻은 근육의 힘으로 평생을 산다하니 과언이 아니다. 직장에 들어가면 하루에 책상에 앉아 있는 시간이 하루 평균 적게는 8시간 많게는 12시간이나 된다 한다. 걷지 않기 때문에 자기도 모르게 퇴화하는 것이다. 직장에 들어가 10년을 다니다 보면 어느 날 체육대회가 개최되어 젊은 시절을 생각하고 직장의 새내기들과 운동을 하곤 한다. 그 때 여지없이 자신의 몸이 "어! 왜 이렇지!" 하고 당황한다. 그러면서 "나도 소시 적엔 날라 다녔다!"라며 스스로 위로 아닌 위로를 하며 씁쓸해한다. 운동을 해야 할 터인데 하며 승진이 되면 될수록 걸을 수 있는 시간은 점점 줄어서 퇴사를 하게 되면 몸도 망가지고 너무 관리를 하지 않아 뒤늦게 후회를 한다. 이것이 인생이다. 직장 생활을 하는 대부분의 사람들이 이 말에 공감할 것이다.

그렇다면 걷기는 어떻게 해야 할까? 평소에 걷기 습관을 들이는 것은 무척 중요하다. 시간을 별도로 내어서 걷는 것은 마음처럼 쉽지 않고 대부분 며칠 하다가 만다. 40대 들어서면 주말에 건강관리를 한다고 운동 동아리나 등산모임을 간다. 그러나 현실은 운동 후에 몰려드는 허기를 달래거나 친목을 다지기 위하여 술과 고기로 뒤풀이를 한다면 운동이 허사가 된다. 여성의 가장 큰 관심사는 아름다운 몸매를 유지하는 다이어트이다. 다이어트에 좋은 식품이나 약을 지어먹거나 헬스클럽에 등록하여 운동을 한다. 이 모든 것이 한시적임을 우리는 경험으로 알고 있다.

그러면 답은 무엇일까? 차타고 갈 거리를 한 두 정거장 전에서 내려서 걷는 것이다. 지하철이나 버스를 타고 다니는 사람들은 복 받은 셈이다. 걸을 수 있는 기회를 평소 만들 수 있기 때문이다. 지하철을 이용 시 에스컬레이터를 이용하지 말고 계단을 걸어서 가는 습관도 바람직하다. 출퇴근 시간에는 반드시 2~3개 정류장 전에서 걷는 습관이야 말로 평생 건강을 지키는 것이다. 주말에 가족과 같이 걷는 것이 동반된 활동을 하면 더 더욱 좋을 것이다. 아이의 취미 생활에 동참해서 좋고 아이와 가까워져서 좋다. 걷기는 돈도 들어가지 않고 자신의 건강을 지킬 수 있는 1석 2조인 셈이다.

20. 근심은 몸과 마음을 황폐하게 만든다

근심은 살면서 모든 이들에게 찰거머리같이 피를 빨기 위해 몸에 딱 붙어있으며 잘 떨어지지 않는 아주 귀찮은 존재이다. 근심거리는 나를 둘러싼 가정 내에서 부모 간에도, 부부간에도, 자식들과도, 자녀들 간에도, 친구들과도, 이성간에도, 직장 내에서 상사와도, 선후배간에도, 동료 간에도 가장 중요한 나 자신과도 같이 사는 무서운 존재다. 처음 만남은 만남으로 인한 상대방에 대한 호기심과 관심으로 상상하지 못한 즐거움과 기쁨으로 시작된다. 이렇게 시작된 관계가 시간이 지나면서 기대보다는 실망이 커지고 갈등이 일어나고 급기야 서로를 보지 않는 안타까운 일이 벌어지는 것이 인간사이다. 주변에서 살펴보면 아주 흔한 일이고 결국은 나의 일이기도 하다. 그것이 나와 관련된 일이라면 더 더욱 왜 그런 일이 일어났는지 생각하고 해결하려고 다양한 고민을 하게 된다. 불행한 것은 고민이 깊어지면 근심이 되고 근심은 몸을 해치게 만들며 급기야는 자신을 학대하는 일까지 서슴지 않는다.

가족 간의 갈등은 가족이라는 거대한 울타리 덕분에 시간이 지나면 해결되는 경우가 많다. 친구와 이성간의 갈등은 서로 보지 않으면 관심에서 멀어져 해결되는 일이 많다. 다만 깨끗하지 못한 정리로 뒤끝이 남아 언제든 다시 꺼내어 볼 수 있는 수면에 떠오르지 않은 근심 덩어리이다. 그러나 나 자신에 대한 근심이 있다면 문제는 다르다. 누구도 해결해 줄 수 없는 나와의 결투다. 이 결투는 많은 시간을 요한다. 그것이 어떤 문제이든 간에 풀지 않으면 극단적인 선택을 하는 것이 사람들이다. 그 선택에 대한 명분은 다양하다. 가족을 위해서 결심하기도 하고, 스스로 비관을 하기도 하고, 포기하고 싶은 심정에서 스스로를 잡지 못하기도 한다.

그렇다면 이에 대한 해결책은 무엇이 있을까? 나라면 그 순간을 떠나 역발상을 하는 것이다. 며칠 자신을 돌아볼 수 있는 시간으로 가보는 것이다. 평소에 가고 싶었던 혼자만의 순례자 길을 떠나 보는 것이다. 그 길을 가면서 육체적인 한계도 시험을 하고 위대한 자연과도 대화를 하며 인간이 얼마나 그 속에서 미약한 존재인지를 생각해보며 자신을 위로하고 새로운 용기를 얻어 보는 것이다. 최근 우리나라에도 슬로우 시티가 많이 조성되어있다. 평소 같으면 가보지 못할 곳을 거기를 가면 마음의 안정을 얻는다. 올레길도 전국적으로 조성되어 간단한 세면도구만 챙기고 배낭을 메고 떠나거나 차량을 가지고 가보지 못한 조용한 곳을 찾아가는 것도 좋은 방법이다. 가장 좋은 방법은 집에서 멀리 떨어진 아직 가보지 못한 올레길을 가는 것이다. 최소 한 달 이상을 자신과 싸워 보는 것이다. 자신의 고통이 크다면 가지고 있는 돈을 가지고 히말라야를 가 보거나 미국의 태평양 종주코스인 4600km의 퍼시픽 크레스트 트레일

(PCT, Pacific Crest Trail)코스도 도전해 보면 답이 나온다고 한다. PCT를 가는 많은 사람들이 자신과의 싸움을 위해 정신적 육체적 도전을 하는 사람들이 대부분이라 한다. 그 엄청난 도전을 40%이상이 완주를 한다고 한다. 200여 일 동안 아무도 없는 그 길을 묵묵히 가다보면 위대한 자연에 굴복하고 다양한 사람을 만나고 스스로와의 싸움에서 나도 모르게 극복하여 마치고 나면 아니 중간에 포기하고 되돌아 온 다해도 세상의 긍정적인 에너지를 받고 '새로운 용기를 가지고 새로운 삶을 다시 살 수 있다고 한다.' 결국 자연과의 만남이 해법인 것이다. 근심은 모든 것을 잃어버리는 뿌리이다. 우리는 근심이 고통이 바뀌면 자연과의 새로운 도전을 통해 나를 발견하는 것이다.

21. 어떻게 하면 당당하게 살 수 있을까

인생의 깊이가 없는 사람들은 과장되거나 허황된 말과 행동으로 처신을 가볍게 한다. 한 마디로 자기 주관이 없는 것이다. 그럼 주관이란 무엇인가? 시쳇말로 똥고집이 아닌 평소 자신이 생각하고 있는 바를 누구를 만나든지 자신의 입장을 소신 있게 밝히고 행동하는 것이다. 바로 이것이 당당히 사는 것이다.

말과 행동이 다른 사람들이 주변에서 보면 부지기수이다. 그래서 만남이 거듭될수록 실망을 하게 되는 것이다. 특히 나보다 부자로 살거나 사회적인 위치가 높거나 회사의 직장상사와 대화를 할 경우 그들에게 나의 소신을 밝히고 정당함을 알리는 말과 행동을 하는 것은 쉽지 않다. 예를 들어보자. 잘사는 친구가 명품 옷에 멋진 페라리 스포츠카를 타고 나타난다면 과연 몇 명이나 그들과 대화할 때 나의 평범하고 소박한 처지를 두고 당당하게 행동할 수 있을까? 사회적인 강자에게 내가 약자로서 부탁할 때 얼마나 진솔할 수 있을까? 회사의 상사가 나와 반하는 말을 할 때 내가 그의 말에 대해 얼마나 반박할 수 있을까?

세상을 살면서 당당하게 산다는 것은 결국 나의 바른 생각과 행동이 아주 중요하다. 나 보다 훨씬 우월하고 유리한 입장에 있더라도 나는 나답게 사는 생각의 정리가 필요하다. 남에게 보여주기 위한 속빈 강정보다 비록 무색(無色), 무취(無臭), 무미(無味)하지만 생각이 바르다면 무엇이 부러울까?

인간은 사고를 할 줄 아는 유일한 동물이다. 생각의 당당함은 삶을 풍요롭게 만든다. 평범하게 살 수 있는 용기가 필요한 것이다. 평범하다는 것은 인생에 대한 자포자기나 소시민을 가장한 패배주의와는 전혀 다르다. 나의 위치를 파악하고 나를 제대로 볼 수 있을 때 나의 생각이 바르게 정립될 때 당당하게 살 수 있는 것이다.

젊은 여성은 무엇을 입어도 예쁘고 아름답다. 명품 옷과 백을 걸치는 것보다도 소박하지만 자신에게 잘 어울리는 옷을 입으면 아름다움이 배가된다. 자신에게 어울리는 옷을 고르는 센스가 비싼 옷을 사는 것보다 더 중요하듯이 자신을 표현하는 당당함이 아닐까?

22. 급변하게 바뀌는 젊은이의 생각이 특별할까

나는 대학에서 학생들을 가르치고 있다. 가끔 아들 딸 같은 학생들과 면담을 하며 그들의 생각을 조금 일찍 알 수 있다. 우리 자녀들의 생각은 부모세대가 만들어 주었다.

우리의 할아버지 할머니 세대는 일사늑약과 6 · 25 전쟁을 겪은 세대로 세상의 풍파를 다 당하고 살았다. 그로 인해 부모세대는 대부분 무일푼에서 시작했다. 자식들에게 부모들이 하지 못했던 배우지 못한 설움을 풀어주기 위하여 자식에게 공부를 시켰고, 집 없는 설움과 잘살기 위해 허리띠를 동여매고 악착같이 돈을 모으며 자식에게 조금이라도 보태주려고 노력했다. 특히 자녀의 수를 보더라도 최근 100년 이내에 급속한 변화가 나타나고 있다. 조부모시대에는 4~10명의 자녀를, 60~70대의 부모세대는 2~3명 자녀를, 40~50대의 386세대는 1명을 두고, 지금 20~30대는 한 명이나 무자식 세대에 들어섰다. 이제 이 들의 자녀들의 삶은 가족을 위해 살기 보다는 '나'를 위해 산다. 최근 들어 무서운 이야기 이지만 결혼 시 양가 부모에게 '자식을 낳지 않아도 된다.'는 것을 당당히 허락받고 사는 세상이 온 것이다. 누가 지금의 젊은 청춘을 이렇게 만들었나. 생각해보면 우리의 부모들이 만든 것이다.

청춘을 탓해도 소용이 없다. 아이를 낳아 키우는 시간은 무려 대학 진학까지 18년의 세월이 필요하다. 대학을 졸업하기까지는 평균 여자 23년, 남자 27년의 시간이 걸린다. 그동안 청춘들에게 혼자 살아도 무방하다는 교육을 음으로 양으로 시킨 것이다. 아무리 정부가 나서서 결혼을 하는 것이 필요한 것을 역설하고 저출산으로 미래의 국가 경제에 엄청난 재앙이 올 수 있다고 논리를 펴도 그들에겐 현실에 처한 자신들의 문제가 더 심각하다며 무자식을 생각하는 청춘이 많다. YOLO(You Only Live Once)라는 기치아래 한 번 뿐인 자신의 인생을 자신의 뜻대로 살고 싶다고 하는 시대이다. 학교에서 직장에서 아이들을 훈육하거나 아래 직원을 교육시키면서 기압을 주고 혼내는 시대는 지나갔다. 모든 것이 자신의 입장에서 반하면 그 것은 고소와 고발로 이어지고 보니 다 들 소위 몸조심하는 시대가 되었다. 소위 가르치려 들지도 않고 싫은 소리도 안하는 것이다.

이러한 급속한 시대에 우리의 사회는 준비가 되어져있는가? 아니 나는 준비가 되어져 있는가? 준비되어 있을 턱이 없다. 어떻게 해야 되나? 진지하게 백년대계를 위해 고민하고 거기에 맞는 정책을 모두 한 마음으로 진지하게 생각해야 할 시기이다.

23. 도덕과학이 이루어지는 세상에 산다

프랑스의 사회학자 레비브륄이 도덕과학(Moralogy)을 주창하였다. 도덕의 사회적 규범, 의무, 권리 따위를 대상으로 하여 도덕의식을 다른 사회적 사실과 비교함으로써 객관적인 사회적 사실로 연구하는 학문으로 사회학의 한 분야이다. 유럽이 세계의 경제, 문화, 정치의 선진국이 된 것은 종교와 철학에서 뿐만 아니라 첨단 과학을 발달시키고 도덕의 민주화를 세계에서 가장 빨리 이루었다. 특히 도덕의 민주화를 보면, 유럽은 종교와 철학에 뿌리를 둔 '사랑과 정의의 도덕'을 '과학'으로 재구성하여 '공정한 생활 도덕'으로 만들었음을 알 수 있다. 다시 말해 '과학은 자연의 법칙이요 원리'라고 말한다. 그러기에 과학은 누구에게나 공정하게 적용되는 법칙이 된다. 이러한 과학처럼 '도덕은 인간의 법칙이요 원리'이며, '도덕은 누구나 공정하게 지켜져야 하는 법칙'이 된다. '염산을 사람이 먹으면 죽는다.'고 과학은 설명한다. 그러기에 '살려는 사람은 염산을 절대로 먹어서는 안 된다.'고 과학은 말한다. '사람이 거짓을 행하면 사람이 안 된다.'고 도덕은 말한다. 그러기에 '사람이 되려면 거짓을 절대로 해서는 안 된다.'라고 도덕은 말한다. 즉, 도덕은 과학과 같은 법칙이므로 '도덕과학' 이라는 말은 성립된다. 이와 같이 유럽은 사랑과 정의의 도덕을 '누구나 다 하지 않으면 안 되는 사회의 법칙, 누구나 다 하지 않으면 안 되는 나의 법칙'으로 과학화함으로서 사랑과 정의로 서로 돕고 희생하는 나라가 되어 선진국이 된 것이라 하겠다.

일본 법학자인 히로이케 치쿠로(廣池 千九郎)는 도덕과학에 대하여 인간은 살아 있는 한 도덕적 과실을 저지른다고 말한다. 매일 먹는 음식도 고기나 생선, 채소의 생명을 빼앗아 먹고 있는 것이다. 법률상의 죄는 육법전서에 기록된 규칙을 어기는 것을 말한다. 예를 들어 살인이나 절도 같은 것인데, 이런 죄는 보통사람이라면 좀처럼 저지르지 않는다. 이에 비해 도덕적인 과실이란 법은 어기지 않았으나 남에게 손해를 끼치는 데 따르는 죄이다. 자기만 괜찮으면 된다고 생각하고 이기적인 행동으로 돈을 벌려고 하거나 사회적인 지위 혹은 명예를 얻으려고 하면서 남에게 피해를 주는 일을 말한다.

『운이 좋아지는 인생을 사는 법』의 저자 니시나카 쓰토무(西中 勤)는 도덕적 과실을 깨닫는 데서 운이 좋아진다고 했다. 그는 도덕적 과실은 무의식적으로 저지르는 경우도 많고 그에게도 그런 경험이 있다면서 예를 들어 입시나 취업 등에서 여러 군데에 지원해서 합격하는 경우를 소개했다. "자신에게 필요한 합격은 단 하나일 텐데, 괜히 여러 군데에 지원해 합격하는 것은 이기심이다. 다른 사람의 가능성을 막아버리기 때문이다. 이렇게 무의식적으로 저지르는 도덕적 과실을 눈치 챈 것은 도덕과학을 배우고 나서부터였습니다."

우리는 이렇게 스스로 반문해보자. 어떻게 사는 것이 올바른가? 다른 사람은 몰라도 나만은 이렇게라도 나름대로 도덕과학의 규범을 정하고 살아보면 어떨까? 남에게 피해를 주지 않는 사회가 나부터 실천하고 다른 사람에게 전이된다면 얼마나 좋을까? 더 나아가 도덕윤리를 가지고 산다면 어떨까? 누가 보지 않아도 질서를 잘 지키는 나라, 그리고 부와 명예로 이루어진 얼룩진 세상에서 모두가 공평한 대우를 받는 쉽게 말한다면 병원에서 아파서 오는 환자들이 순서대로 진료를 받고 순서대로 병실을 사용할 수 있다면 사회 정의를 세울 수 있을까? 사람은 누구나 공정한 사회에 살고 싶다. 그 꿈이 이루어지는 그날까지 나는 나 스스로에게 반문하며 노력할 것이다.

24. 빅퀘스천을 통해 얻을 수 있는 것은 무엇일까

빅퀘스천하면 먼저 부처가 떠오를 것이다. "나는 누구인가? 나는 어디서 왔고 어디로 사라지는가?" 불가에서는 이런 화두를 던져 명상을 통해 나를 속세의 찌든 때를 닦아내어 나를 깨끗하게 정화시킨다고 한다.

남녀가 서로 만나 무슨 이야기를 나눌 수 있을까? 서로 서먹한 상태에서 서로를 탐색을 하다가 공통 주제를 이끌어 내보지도 못하고 헤어진다. 바로 여러분의 경험치 이다. 이럴 때 빅퀘스천을 활용해 보면 어떨까? 먼저 만나서 서로가 하고 싶은 것을 꺼내보는 것이다. 아마도 본인이 하고 싶은 것이나 일을 화제로 꺼낸다면 대화의 창이 활짝 열릴 것이다. 각자의 관심사를 이야기 하며 서로 공유하고 같이 할 수 있는 것을 찾아내는 것이다. 사람은 그 사람의 내면을 서로 공유할 때 모든 것이 아름다운 것이다. 모든 사람은 나의 스승이다. 『논어』 술이편(述而篇)에 보면 공자의 말씀으로 이렇게 실려 있다. “세 사람이 가면 반드시 내 스승이 있다. 그중 착한 사람은 이를 좇고, 그중 착하지 못한 사람은 이를 고친다.”(三人行 必有我師 擇其善者而從之 其不善者而改之) 이인편(里仁篇)에는 “착한 것을 보면 같기를 생각하고 착하지 못한 것을 보면, 안으로 스스로 살핀다.”(見賢思齋焉 見不賢而內自省也)고 한 말이 바로 이 말의 바탕이 되는 말이다. 남의 착한 행실은 따를 만하고, 남의 악한 행실은 반면교사로 삼을 일이다. 타산지석(他山之石)이라는 말도 이와 비슷한 말이다. 우리 속담에 “남의 흉보고 내 흉을 고친다.”라는 말이 있다.

2017년 11월에 SBS 방송에서 창사기획특집으로 ‘나를 향한 빅퀘스천’이란 주제로 나는 행복한가? 나는 어떻게 살아야 하는가? 라는 프로그램이 있었다. 프로그램에서 4차 산업혁명의 시대에 하버드보다 들어가기 어려운 미네르바 스쿨과 파주의 타이포그래피 학교를 소개했다.

캠퍼스 없이 세계 7개 도시를 한 학기씩 돌아다니며 공부하는 대학이 있다. 인터넷으로 세미나 수업이 진행되는 대학, 현지 기업과 함께하는 프로젝트로 책 속의 지식을 세상과 연결시키는 대학, 미네르바 스쿨이다. 미네르바 스쿨은 미국 아이비리그 출신 교수들이 교육 시스템을 설계하였다. 창설자인 벤 넬슨은 펜실베니아 대학에 다녔던 20년 전부터 대학 교육 시스템이 더 이상 제 기능을 하지 못한다는 생각을 하고 있었다. 대강당에서 오로지 교수 혼자 이야기를 진행하는 강의, 자기가 좋아하는 수업만 수강해도 졸업할 수 있는 맥락 없는 커리큘럼, 거리로 직접 나가지 않고 캠퍼스에 처박혀 공부만 하는 대학 생활 등에 대한 문제의

식에 대한 제기였다. 수업과 수업 간에 전혀 관련성이 없었고, 간단히 학점을 이수할 수 있는 과목도 많았다. 그리고 대부분은 대강의실 강의였다. 교수가 오로지 혼자 이야기를 계속한다. 학생들에게 질문조차 던지지 않는다. 학창시절 넬슨은 대학 측에 "이런 시스템으로 일국의 대통령, 최첨단 과학자와 경영자, 미디어의 오피니언 지도자 등 세계를 이끌 인재를 길러 낼 수 있느냐?"며 혁신을 요구했지만 대학 측은 거절했다. 이런 기억을 잊지 않았던 넬슨이 자기 손으로 만든 대학이 바로 미네르바다. 미네르바는 학생들에게 제 마음대로 수업을 선택하게 하거나, 지식을 주입하려고 하지 않는다. 강의를 듣기만 할 거라면 책을 읽는 것과 다르지 않다는 게 넬슨의 생각이다. 넬슨은 '사물에 대한 사고방식을 가르치는 대학'을 지향한다. 미지의 과제에 도전하는 인재를 키우는 게 이 대학의 목표다. 처음 1년간은 학생 전원이 같은 수업을 이수한다. '비판적으로 생각한다. 상상력을 발휘해 생각한다.'는 두 가지 개인 스킬과 원만한 커뮤니케이션과 인터랙션(상호교류)라는 두 가지 대인 스킬 등 총 4가지 강의를 듣는다. '미국은 세계에서 최강의 나라다. 비타민C는 감기에 좋다.'와 같은 일반적 주장이 정말 타당한 것인지 이론적으로 생각하고, 데이터를 활용해 검증한다. 이를 통해 설득력 있는 논리를 조직하는 훈련을 한다. 넬슨은 이 과정을 '뇌수술'이라 부른다. 이 네 가지 스킬은 대학이 설정한 118개 학습목표로 나뉜다. 이 학습목표를 학생들이 하나하나 몸에 익히고 있는지 교수진이 세세하게 평가해 성적을 결정한다. 2학년에 진급하면 예술 · 인문학, 컴퓨터과학, 자연과학, 사회과학, 비즈니스 5가지 중 자신의 전공을 선택한다. 이후에도 역시 같은 방식으로 평가를 받는다. 이러한 섬세한 지도와 평가를 대강당 강의에서 실현하는 것은 거의 불가능하다. 수업을 모두 온라인으로 실시하는 것도 이런 이유에서다. '액티브 러닝 포럼'이라 불리는 비디오 채팅이 바로 미네르바의 교실 모습이다. 전원의 얼굴이 일렬로 표시되므로 사적인 이야기를 하거나 졸수도 없다. 수업에 집중하고 있는지 한눈에 알 수 있다. 이보다 더 특이한 것은 온라인 수업이라 가능한 최첨단 평가 기법이다. 예를 들어 시스템은 학생 한 사람, 한 사람의 음성을 인식하고 교수의 컴퓨터 화면에 발언 빈도를 색으로 표시해준다. 교수는 발언이 부족한 학생을 '공격 목표'로 삼아 수업의 이해도를 측정한다. 사고방식 스킬을 몸에 익힌 다음에는 적극적으로 수업에 임하는 것이 필요하다는 교육 방침 때문이다. 그렇지만 몇 시간이나 컴퓨터 화면 앞에 앉아 있다 보면 기운이 빠지는 경우도 있다고 한다. 아날로그식의 공부도 필요하다는 생각이 든다는 얘기다. 이 부족한 부분은 거리에서 채운다. 온라인 수업은 기본적으로 월요일부터 목요일까지 오전에 약 3시간 동안 진행된다. 오후와 금요일은 과제에 전념하거나 기숙사 밖으로 나간다. 넬슨은 '거리 자체가 캠퍼스'라고 자주 이야기한다. 수업에서 배운 것을 현실 세계에 적용시켜보라는 주문이다. 학생들은 4년간 전 세계 7개 도시를 돌며 그곳에 거주한다.

2012년 설립된 미네르바스쿨은 지난해 입학 지원자 수가 2만 명을 돌파하는 등 빠르게 성장하고 있다. 합격 통보를 받은 학생은 54개국에서 온 385명이다. 경쟁률이 하버드대를 웃돈다는 말이 나오는 이유다.

25. 사고의 차이가 미래를 결정한다

가령 누군가 지갑을 잃어버렸다고 하자. 과거형 사고를 가진 사람은 '만약 어제 지갑을 외투 주머니에 넣지 않았다면 잃어버리지 않았을 터인데'라고, '카드와 신분증을 따로 둘 걸', 혹은 '돈을 조금만 넣어 가지고 다닐 걸'하고 '만약'이라는 단어를 반복하며 후회를 한다. 이러한 행동이 지난 일에 집착하고 빠져드는 '과거형 사고'이다. 반면에 '이왕지사 이렇게 된 것 다음부터는 줄 달린 지갑을 사야겠다.' 혹은 '카드하고 신분증은 가급적 분리해서 가지고 다녀야지.' 혹은 '앞으로 현금은 최소한의 금액만 가지고 다녀야겠다.' 등 다음을 생각하고 과거를 털어버리는 '미래형 사고'를 하는 사람이 있다. 지갑을 잃은 분한 마음으로 상처를 받고 의욕을 상실하는 것 보다 마음을 차분하게 다스리고 실패를 교훈으로 사는 미래형 사고를 지닌 자세로 사는 것이 중요한 일이다.

동양인은 통합적 사고를 하고, 서양인은 분석적 사고를 하는 차이가 있다. 통합적인 사고란 대상간의 관계성 혹은 맥락에 기초해 내가 판단해야 하는 대상과 그 대상을 둘러싸고 있는 주변을 하나로 묶어 사고하는 것을 말하고 분석적인 사고는 주변 맥락보다는 그 대상 자체에 자신의 인지적인 자원을 집중적으로 투자하여 사고를 하는 방식을 말한다. 예를 들면 중국인들은 두 사람이 갈등하는 상황이 주어지면 그 책임을 두 사람 모두에게 조금씩 있다고 생각하는 반면 미국인들은 어느 한 대상이 주로 잘못이 있다고 판단하는 경우가 더 일반적으로 나타난다. 점심 식사 시간에 푸드 코트에서 혼자 식사를 하는 한국 사람은 그리 많지 않다. 그러나 서양인들은 혼자서 하는 식사를 그리 꺼려하지 않는다. 왜 그럴까? 그

것은 사회성의 차이이다. 집단주의적 요소가 많다고 일반적으로 생각되는 동양 사회에서는 사회적인 측면과 관련된 불안감을 사람들이 상대적으로 더 많이 지니고 있다. 한 마디로 사회적으로 고립되기 싫어하는 경향이 동양인에게서 더 크다는 것이다. 혼자되는 것에 대한 저항감에 있어서 문화 간 차이가 존재한다는 것이다.

26. 죽기 전에 꼭 하고 살아야 하는 것은 무엇일까

2007년 미국 로브 라이너 감독이 제작한 잭 니콜슨과 모건 프리먼이 주연한 '버킷리스트'(The Bucket List: 죽기 전에 꼭 하고 싶은 것들)가 공전의 대히트를 하면서 사람들은 죽기 전에 해보고 싶은 버킷리스트를 만들었다. 죽기 전에 해보고 싶은 것과 죽기 전에 꼭 하고 살아야 하는 것은 다르지만 일맥상통하는 것이다.

브로니 웨어라는 호스피스 간호사는 생의 남은 시간이 12주 이하인 시한부 환자들을 돌본 경험을 바탕으로 『죽기 전에 가장 많이 하는 후회 5가지』라는 책을 썼다. 그녀는 환자들에게 인생에서 어떤 후회가 남는지, 바꿀 수 있다면 무엇을 바꾸고 싶은지 물었을 때 비슷한 주제들이 반복해 등장하는 것을 발견했는데 죽음을 앞둔 사람들이 가장 많이 후회하는 5가지를 발견했다.

첫째, 왜 행복하려고 하지 않았을까? 많은 이들이 생의 마지막 순간에 와서야 행복은 선택이었다는 것을 깨닫는다. "평생 익숙한 방식만 고수하며 습관에 매여 살았다. 튀는 것이 두려워 남들과 비슷하게 행동했다. 익숙함이 주는 이른바 편안함이 물리적 일상뿐 아니라 감정까지도 덮어

버렸다. 변화의 공포 때문에 남들에게 그리고 나 자신에게도 만족한 척, 행복한 척하며 살았다. 다시 산다면 주책이라는 소리를 들어도 맘껏 웃으며 살고 싶다."

둘째, 친구들과 연락하고 살걸! "죽음을 목전에 두고서야 옛 친구들이 얼마나 소중한지 알았다. 하지만 이제는 너무 늦어 버렸다. 연락이 끊긴 지 오래인 친구들을 다시 찾기란 쉽지 않다. 사는 데 급급하고 생활에 쫓겨서 천금 같은 교우관계를 세월의 흐름 속에 흘려보내고 말았다. 친구들에게 시간을 내지 못하고 우정에 노력하지 못한 것이 가슴에 사무친다. 죽음을 앞두니 친구들이 보고 싶다." 죽음을 앞둔 사람에게는 모든 것이 사랑과 관계로 귀결된다. 삶의 마지막에 남는 것은 결국 사랑과 사람뿐이다.

셋째, 내 감정에 솔직하지 못했다! "주위 사람들과 원만하게 지내려는 생각에 감정을 억누르고 살았다. 결과적으로 나는 있으나 마나 한 평범한 존재가 되었고, 내가 정말로 되고 싶었던 내 모습을 위해서는 별 시도조차 하지 못했다. 당연히 분하고 억울한 마음이 쌓였고, 마음에 쌓인 화가 여러 병증으로 이어졌다."

넷째, 그렇게까지 열심히 일할 필요가 없었다. 이런 후회는 주로 남자 환자들이 했다. "일에 쫓겨서 또는 성공을 쫓느라 아이들이 크는 것도 제대로 못 보고 배우자와의 관계도 챙기지 못했다." 여자 환자들도 간혹 이런 후회를 한다. 하지만 환자의 대부분은 노인이고 그들이 젊었을 때는 여자가 직장생활을 하는 경우가 드물었다. 웨어가 간호한 남자 환자들 모두 평생 일하는 기계처럼 다람쥐 쳇바퀴 같은 생활에 찌들어 산 것을 뼈저리게 후회했다. 생활방식을 소박하게 유지하려고 의식적으로 노력하면, 사는 데 생각만큼 많은 돈이 들지 않는다. 인생에 여백을 두고 생활에 숨 쉴 틈을 만들자. 그러면 새로운 생활양식에 맞는 새로운 기회들이 열린다. 그것이 보다 행복하게 사는 길이다.

다섯째, 내 인생이 아닌 타인의 기대에만 충실했다! 이것이 가장 보편적인 후회다. 삶이 얼마 남지 않았다는 인식은 지나간 삶을 어느 때보다 명철하게 돌아보게 한다. "마음에 품었던 꿈은 많지만 남들의 간섭과 참견에 밀려 이루지 못하고 흘려보낸 것이 대부분이었다. 꿈의 반은 제대로 시도조차 못했다. 이제 죽을 날을 받아놓고 생각하니 한 것도 하지 않는 것도 결국은 모두 내 선택이었다." 자신의 꿈을 존중하며 살았는지 여부는 인생의 성공을 논하는 데 매우 중요한 판단지표가 된다. 명확하게 목표를 설정함으로써 자신의 꿈을 존중하자. 건강을 잃는 순간 모두 늦은 일이 되고 만다. 사람들은 건강을 잃고 난 다음에야 건강이 주는 자유를 절감한다.

27. 사람이 남기고 가는 것은 무엇일까

구약성서에 보면 아담은 카인과 아벨과 셋을 낳고 930년을 살고 죽었다. 노아의 방주로 잘 알고 있는 노아도 나이 500세가 되서야 셈(Shem)과 함(Ham)과 야펫(Japhe서)을 낳고 950년을 살고 죽었다. 지금의 우리는 풍요로운 삶과 의학의 발달로 100세를 사는 세상에 살고 있다.

사람이 태어나 남기고 가는 것은 과거에는 자식을 남겼다. 7080세대(1970년대와 80년대에 대학 생활을 하며 20대를 보낸 세대로, 2009년 현재 40대 초반에서 50대 초반에 이른 중장년층)까지는 아들을 낳아 자신의 대를 이어가는 시대를 살았지만, 386세대(1960년대에 출생하여 1980년대에 대학생활을 했고 1990년대 30대였던 사람들)는 아들이나 딸을 가리지 않고 1명을 낳았고 불과 몇 십 년도 안 되어 지금 우리의 아들딸들은 자식을 낳지 않고 사는 세대들이 많이 등장했다. 불과 100년도 안되어 급격한 세대교체가 이루어지고 있다.

그렇다면 이제 우리가 남기고 가야할 것은 무엇인가? 사는 동안 그저 잘 먹고 잘 쓰고 살면 그만인가? "호랑이는 죽어서 가죽을 남기고 사람은 죽어서 이름을 남긴다."는 속담이 있다. 성리학 국가이념을 가진 조선에서 이름이 가진 명예의 무게는 목숨과도 바꿀 수 없는 가치였다. 일제 강점기, 6 · 25전쟁, 4 · 19민주화혁명, IT의 발달로 컴퓨터와 휴대폰의 등장으로 세계가 실시간으로 소통되는 시대에 살면서 기존의 가치관은 무너지고 새로운 삶의 변화에 대응하기 급급할 정도로 빛의 속도로 바뀌고 있다. 더욱이 4차 산업혁명으로 사람이 인공지능으로 대체되는 시대를 맞아 가치기준이 바뀌고 개인이 스스로 어떻게 살지를 결정할 수 있고 결정해야만 하는 시대가 왔다.

우리가 성공한다는 말은 돈과 명예를 이룬 것을 말한다. 돈과 명예를 이룬 사람들이 하는 종국적으로 하는 행동은 우리가 사는 사회에 다양한 기부하는 행위를 통해 스스로의 정의 실천을 하는 것이다. 하고 싶은 것들이 많은 청춘은 꿈을 만들고 도전을 하고 부단한 노력을 통해 한 단계 성공을 하면 더 많은 성공을 위해 일부는 많은 것을 포기하고 실패하고 대신 반대급부로 뼈아픈 경험을 통해 다른 것을 각자의 생각에 부합하는 것을 얻기도 한다. 사람은 우리 몸의 아주 미약한 한 곳만 아파도 스스로 통제하지 못하고 죽음에 이르는 경우가 부지기수이다.

개인주의 시대, 부, 권력, 정의실현 등 각자의 목표는 다를지라도 '나는 성공했다!'라는 우리가 추구해야 할 핵심 가치는 무엇인가? 나의 답은 사람이 사람답게 사는 것이다. 사람답게 산다는 것은 인간답게 사는 것이다. 사람냄새가 나는 세상에 사는 것이다. 사람과 사람 사이에 사랑으로 이루어진 삶을 사는 것이다.

28. 자신의 감정을 드러내지 않는 사람이 승리한다

일희일비(一喜一悲)란 상황에 따라 기뻐했다 슬퍼했다는 말이다. 사람은 감정의 동물이다. 그러나 감정을 남에게 드러내지 않는 사람이야말로 대단한 사람이다.

2016년 8월 116년 만에 부활한 올림픽 골프대회가 브라질 리우데자네이루 올림픽 골프코스에서 열렸다. 4일간 72홀의 결과로 결정되는 골프대회에서 박인비 선수는 최종 라운드에서 세계랭킹 1위인 리디아 고에게 불과 2타 앞선 상황에서 경기를 시작했다. 그러나 3번 홀에서 3개 홀 연속 버디를 낚아 6타 차까지 따돌렸음에도 불구하고 박인비 선수는 한 손을 살짝 들어 올리는 특유의 답례 포즈 외에 별다른 표정 변화는 없었다. 끝까지 집중력을 놓지 않았던 마지막 홀에서 파 퍼트를 성공한 후에야 미소를 띠며 두 팔을 치켜들었다. 그리고 박세리 감독이 포옹과 함께 감격의

116년 만의 올림픽 금메달

눈물을 보인 것과 달리 박인비 선수는 그 흔한 눈물조차 보이지 않았다. 그녀는 이날 역시 특유의 포커페이스를 선보이며 강한 모습을 보였다. 평소 경기 도중 표정변화가 없기로 유명하다. 때문에 조용히 경기를 치르며 자신만의 페이스로 상대 선수들을 따돌려 '침묵의 암살자'라는 별명도 붙었다.

포커페이스(poker face)라는 말은 상황이 바뀌어도 무표정하거나 마음의 동요를 나타내지 않는 얼굴을 말한다. 포커 판에서는 아무리 좋거나 나쁜 패가 들어와도 그 기분을 얼굴에 드러내지 않는다는 데서 따왔다. 운동경기에서는 기술과 체력이 비슷한 상황이면, 정신력이 승패를 가르는 중요한 요소로 작용하는데, 매치포인트까지 몰리는 불리한 입장에 있으면서도 당황하는 기색을 보이지 않고 자신의 마음을 조절하는 선수를 포커페이스를 가진 선수라고 한다.

29. 이 시대의 투명인간이 사는 법은 무엇일까

컴퓨터와 IT혁명으로 사람이 투명인간이 되고 있다. 후코(M. Foucault)의 원형 감옥이라 불리는 페놉티콘(phenopticon)은 영국의 공리주의 철학자 벤담이 최초로 고안한 감옥의 건축 디자인이다. 후코에 따르면 죄수들과의 소통은 차단되고 교도관은 숨어서 명령과 지침을 내리는 그런 구조로 죄수들은 어디서든 자신들이 항상 관찰당하고 있다는 생각을 하게 되고 스스로를 감시하는 지경에 이르게 되며 결국 유순하고 훈육된 주체로 만들어진다고 한다. 현대의 정보통신 기술의 사용에 바탕을 둔 우리는 일상적이고 사적인 활동은 슈퍼 페놉티콘(super phenopticon),

즉 거대한 컴퓨터 데이터베이스에 공적인 기록으로 저장된다고 주장한다. 오늘날의 감시는 데이터 감시의 체계에 근거한다. 마크 포스터의 『뉴미디어의 철학』(the mode of information)에 따르면 "오늘날의 커뮤니케이션 유통과 이것이 만들어내는 데이터베이스는 일종의 슈퍼 페놉티콘을 구축하고 있다. 이는 벽, 창, 탑, 간수가 없는 감시시스템이다……. 사람들은 사회보장카드, 운전면허, 신용카드, 도서관 카드 등을 이용하며 가지고 다니며 사용해야만 한다. 이들의 사용 내역이 기록되고 데이터베이스에 코드화되어 저장된다……. 모든 개인은 정보의 원천인 동시에 정보의 기록자인 것이다."

1988년만 해도 우리나라가 올림픽 개최를 위하여 컴퓨터를 활용한 전산장비로 각 경기장에서 벌어지는 게임에 관한 정보를 실시간으로 국민에게 전달하는 정도였다. 그 이후 정부는 주민등록과 같은 국민 개인의 자료를 만들고 중앙정부와 지자체들이 법률 서비스와 세금징수를 위하여 이를 통합하는 시스템을 구축하였고 지금은 교통정보와 CCTV를 활용하여 국민의 안전을 제공하면서 마음만 먹으면 일거수일투족을 다 볼 수 있다. 특히 정부는 개인에 대한 범죄내역을 실시간으로 원하는 모든 정보를 볼 수 있다. 최근에는 스마트폰의 발달로 하루 종일 24시간 필수적으로 가지고 다니면서 검색하면서 본인에게 필요한 다양한 정보를 얻고 있는 실정이다. 한 마디로 구글이나 네이버 같은 회사에서 개인의 인터넷 주소인 IP를 다 알고 있기 때문에 개인의 24시간을 모두 알고 있으며 앞으로 예견되는 행태까지 추적하여 고객이 검색을 하면 고객에게 원하는 정보를 제공하고 있다.

지금은 국민 개인이 태어나서 죽을 때까지 모든 정보가 노출되는 투명

인간이 사는 세상이 되었다. 우리는 어떻게 보면 문명의 다양한 이기를 누리고 있지만 그만큼 개인의 사생활을 침해당하고 살고 있는 세상에 살고 있다. 우리는 정부의 고위관료들이 거쳐 가는 인사청문회를 실시간으로 볼 수 있다. 본인도 잘 기억이 나지 않거나 모르는 수십 년 전의 자료를 가지고 신상을 털고 있다. 신상을 털리고 임용되는 경우도 있지만 국민의 눈높이에 맞지 않는다고 하여 탈락되는 경우도 허다하다.

이미 투명인간이 되어버린 세상에서 우리가 사는 방법은 무엇일까? 공자의 『논어』 위령공편(衛靈公篇)과 안회편(顔回篇)을 보면 해법을 찾을 수 있는 것 같다. 세상사에 처세함에 있어 "네가 원하지 않는 것을 남에게도 베풀지 말라."(己所不欲 勿施於人) 와 "자신의 화를 남에게 옮기지 않는 것이고 같은 실수를 두 번 저지르지 않는 것이다."(不遷怒 不二過) 히브리잠언에 '자기감정을 다스릴 수 있는 사람이 가장 강한 사람'이라는 말이 있다. 그 중에서 분노의 감정을 다스릴 수 있는 사람이 가장 강한 사람이 아닐까 한다. 인생에서 가장 어려운 일 중 하나가 분노의 감정을 다스리는 일이요. 또한 '분노의 감정을 남에게 옮기지 않는 일'이라 하겠다. 사람은 누구나 실수나 잘못을 저지르며 산다. 그런데 더 큰 잘못은 한번 저지른 실수나 잘못을 또 다시 저지르는 잘못이라 하겠다. 분노의 감정을 다스려서 다른 사람에게 옮기지 않는 일, 그리고 한번 저지른 실수나 잘못을 반복하지 않는 일, 이 두 가지는 살면서 참으로 중요한 일이지만 쉽게 지킬 수 있는 일은 아닌 것 같다.

제 2 장

지켜보기

2장
지 켜 보 기

1. 책 읽는 습관이 일생을 좌우한다

중국 송나라의 정치가이며 개혁가인 왕안석(王安石)은 “독서는 많은 비용이 들지 않으며, 만 배의 이로움이 있고, 독서 때문에 해를 보는 것은 보지 못했다. 금(金)을 팔아 책을 사서 읽어라. 책을 읽어 두면 금을 사기가 쉬우리라.”라고 했다. 소크라테스도 “남의 책을 많이 읽어라. 남이

고생하여 얻은 지식을 아주 쉽게 내 것으로 만들 수 있고, 그것으로 자기 발전을 이룰 수 있다."고 말했다.

빌 게이츠 마이크로소프트 회장은 세계 제1의 부자가 된 자신의 성공에 대해 "어린 시절 마을 도서관에서 독서를 한 자신의 독서 습관은 하버드 졸업장 보다 더 중요하다."고 했다. 일본 손정의 소프트뱅크 회장도 "나는 젊은 시절 병원에서 4,000권의 독서를 한 후 일본 제1의 부자가 될 수 있었다."고 한다.

르네상스의 천재 화가 레오나르도 다빈치, 상대성 이론을 발표한 알버트 아인슈타인, 우리나라의 세종대왕과 이순신 장군도 독서를 생활화하여 지도자가 되었다.

독서를 한다는 것은 뇌가 평화롭고 풍요로운 기분을 느끼게 되어 웃음과 미소가 많아져서 남을 위하는 마음이 자연스럽게 생긴다고 한다. 원광대학교 동양학대학원 조용헌 교수는 "운명을 바꿀 수 있는 것은 독서, 적선, 명상, 지명, 명당과 스승을 만나는 것"이라 할 정도로 독서의 중요성을 강조하고 있다. 물론 독서는 죽을 때까지 해야 하는 필수적인 숙제라고 인식하면 어떨까? 아이를 위해서는 하루에 30분간 책을 읽어 주는 어른이 된 다면 그 또한 바람직 할 적이다. 아이가 책을 좋아하게 되고 독서에 대한 취미를 갖게 될 것이다.

2. 교육은 습관으로 이어지는 위대한 유산이다

부모로서 어린 자녀를 훈육하는 일처럼 어려운 일은 없다. 왜 그럴까? 육아는 집안일을 하는 아내든 육아를 하는 할머니 할아버지든 사람을 지치게 한다. 물론 아이가 크면서 주는 기쁨은 무엇과도 비견할 수 없지만 자신도 모르게 지쳐서 아이에게 해서는 안 될 말을 내뱉게 된다. 아무것도 모르는 아이에게 아무리 아이의 입장에서 하려고 해도 자신의 눈높이에서 훈육하기 때문이다. 집안에서 뛰는 아이를 그대로 방치하는 것 보다는 혼내기 이전에 "이렇게 밤에 뛰면 아랫집 아저씨가 잠을 못 잔단다. 너도 윗집에서 뛰어서 잠을 못 자면 좋으니?"하고 말해야 한다. 말을 안 듣는 아이에게는 "말 안 들으면 엄마 도망 갈 거야!"라는 말 대신 "말 안 들으면 엄마가 병이 걸려 의사 선생님에게 가서 주사 맞아야 돼. 너도 병원에 가서 주사 맞으면 아프지! 그러니까 말 잘 들어."와 같이 말을 부정적인 말로 아이를 꾸짖거나 마음에 상처를 주는 말보다는 화제를 돌려 아이에게 반복된 설명을 통해 긍정적인 아이로 성장할 수 있도록 해야 한다. 이러한 반복적인 훈련을 통해 아이는 어떠한 사건의 실마리를 푸는 학습을 하게 되며 어릴 때 습관이 죽을 때 가지 간다고 한다.

교육이란 사회를 구성하는 개인의 생활이나 행동 양식을 통제하는 역할을 하기도 하고 사람들에게 새로운 지식을 습득하고 발전시킴으로써 문화 창조의 기능을 하기도 한다. 이러한 교육은 가장 중요한 가정교육, 학교교육, 그리고 자율적으로 참여하는 평생교육으로 개인의 취미나 특기활동을 통해 자아를 끊임없이 발전시킬 수 있다.

노벨상 수상자의 30%를 배출하고 있는 세계를 지배하는 민족이 된 0.2%의 유대인들의 교육을 살펴보자. 그들은 어릴 때부터 아이에게 질문의 기회를 많이 주고 언제라도 질문할 수 있도록 자극을 준다. 자녀의 개성과 인격을 최대한 존중하면서 자주성과 독립성을 훈련시킨다. 부모로부터 익힌 탈무드를 통해 돈에 대한 개념, 돈 관리 방법, 자녀 교육, 성공철학 등 적극적인 공부 방식이다. 유대인의 법전이라 할 수 있는 탈무드에도 “열세 살은 성경의 가르침대로 살아가기 시작하는 나이이고 열여덟 살이 결혼 적령기이고 스무 살이면 자신을 경제적으로 책임질 수 있는 나이”라 하였다. 미츠바 성인식(Bar는 ‘아들’, Bat은 ‘딸’, 그리고 ‘Mitzvah’는 ‘commandment’, 즉 율법, 성서라는 뜻으로 그들은 ‘신과 계율로써 맺어진 신의 아들, 딸’이라는 뜻)는 열세 살이 되면 이날부터 그들은 부모의 아들과 딸인 동시에 신의 아들과 딸로서 성경을 공부하고 성경 가르침대로 살아간다는 것을 선서하는 것이다. 성인식을 하는 날에 토라의 한 구절을 낭독하고 성경과 탈무드에 등장하는 가르침에 대해 나름대로 의견을 발표하고 부모와 하객들로부터 성경책, 손목시계와 축하금 등 이 세 가지 선물을 받는다. 성경을 받는 이유는 이제부터 부모의 중간역할 없이 신과 직접 독대해야 하는 존재, 즉 신 앞에 부끄럽지 않은 책임 있는 인간으로 살겠다는 뜻이고, 시계는 약속을 잘 지키고 시간을 소중히 아껴 쓰라는 의미로 준다고 한다. 하객 축하금은 하객들이 정성스럽게 준비하지만 개인당 300~500달러 정도로 부모가 갖지 않고 전부 아이의 예금통장에 넣어 준다. 이 돈은 훗날 아이가 부모 품을 떠나는 18살까지 손을 대지 않습니다. 부모와 하객의 신분에 따라 축의금 액수는 차이가 많지만, 예금한 돈은 크게 불어나 대부분 10만 달러 정도로 나중에 성인이 되면 경제적 독립의 종자돈이 된다고 한다. 이러한 관습은 생일이 되면 친구들과 생일 파티로 지내는 우리 사회가 바꿔 볼 만한 문화 습관이 아닐까 생각해본다.

3. 공부하는 순서를 정하자

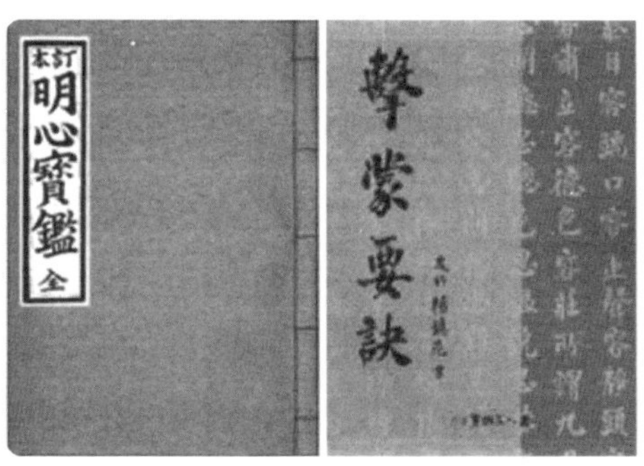

조선시대를 이끌어 가는 것은 성리학(性理學)으로 공부하는 순서가 있었다. 어릴 때는『소학』으로 인간됨을 위한 몸가짐의 태도와 자세를 배우고, 성인이 될 때가지『대학』으로 인간의 목표, 마음가짐과 공동체를 위한 행실위주의 실천학을 공부하였다. 책을 읽는 순서 또한『천자문』,『동몽선습』,『명심보감』,『격몽요결』,『소학』,『대학』,『논어』,『맹자』,『중용』,『시경』,『예경』,『서경』,『역경』,『춘추』순으로 공부하였다. 이를 통해 부모에 대한 효도, 예의범절과 신의 등 국가에 충성하는 고결한 인품과 도덕적 인격을 가진 지도자로서 자질을 갖추었다.

중국 허난성[河南省] 서부에 있는 도시인 뤄양(洛陽)은 삼국시대 관우의 목이 묻힌 곳, 바로 뤄양의 관림(關林)이다. 중국 역사상 무덤에 '림(林)'이라는 용어가 적용된 사람은 공자와 관우 두 명뿐이다. 공자가 묻힌 공림(孔林)과 관우가 묻힌 관림의 '림'은 성인(聖人)의 무덤을 의미한다. "머리는 뤄양을 베개 삼고, 몸은 당양(當陽)에 누워 있으며, 혼은 고향으로 돌아갔다."고 전해지는 그는 바로 촉나라 유비의 무장이었던 관우

(關羽)다. 관림의 남북 중심선을 따라서 가장 남쪽의 대문에서부터 의문·용도·배전·대전·이전·삼전이 있는데 삼전(三殿)에서는 유교의 모범이 되는 관우의 모습을 만날 수 있다. 삼전은 춘추전(春秋殿)이라고도 하는데, 갑옷을 입은 채『춘추』를 읽고 있는 관우의 상이 모셔져 있다. 관우는 늘『춘추』를 읽었다고 한다. 대의명분에 입각해 옳고 그름을 따지는 것이 바로 '춘추'의 정신 아닌가. 관림 대문에 적혀 있는 충·의·인·용의 화신인 관우와 춘추는 참으로 어울리는 조합이다.

중세의 대학은 볼로냐 대학은 1150년경, 파리 대학은 1200년경, 옥스퍼드 대학은 1220년경까지 대학의 지위를 얻게 된다. 초기의 대표적인 대학 가운데 볼로냐 대학은 법학과 의학이 유명했고, 파리 대학과 옥스퍼드 대학에서는 철학 및 과학 분야에서 명성이 높았다. 중세 대학에는 신학, 법학, 의학 등 3개의 전공 학부가 있었는데, 과학은 이들 높은 전공으로 들어가기 전에 이수하는 교양학부(Arts Faculty)에서 다루어졌다. 중세 대학의 학사가 되는 교과목으로는 문법, 수사학, 논리학 등의 소위 삼학(trivium)과 석사과정으로 산수, 기하학, 천문학, 화성학 등의 사과(quadrivium)가 있었고, 박사과정은 법률, 의학, 신학 중 한 가지를 정해 공부했다.

지금의 우리의 교육과정은 0~5세까지 어린이집, 3~5세까지 유치원, 의무교육과정은 7~12세까지 초등학교, 13~15세까지 중등학교, 16~18세까지 고등학교이고, 19세 이후 4년의 대학과정을 두고 있다. 어린이집부터 유치원까지의 교육과정은 사실상 정규교과과정이 아니고 맞벌이 부모들의 교육 수단으로 대체되고 있다. 아이들의 교육은 사회적응 훈련이다. 아기의 뇌 발육은 만 3세까지 엄청난 양의 정보를 받아들이는데 전문가들은 이 시기가 평생을 좌우할 정도로 중요하다고 이야기를 한다. 유대인 부모들은 아이의 양육을 만 3세까지 어머니가 절대적 권한을 갖고 만 3세 이후부터 밥상머리에서 많은 대화를 한다. 지금 우리 사회는 맞벌이 부부의 생활여건을 영유아기 아이의 교육에 전념할 수 있도록 국가가 획기적으로 제도 개선을 하는 것도 아주 절실한 문제이다.

동서양을 막론하고 귀한 자식일수록 가정교육에 엄했다. 자녀교육의 큰 원칙은 부모에서 시작하고 부모에서 끝난다. 부모의 본보기가 답이다. 의사집안에서 의사가, 교육자 집안에서 선생님이, 회사 다니는 부모 밑에서는 회사원, 자영업을 하는 부모에게서는 자영업을 하는 아이가 태어난다. 공부는 부모의 환경과 자신의 개성을 살리는 것이다.

자오위핑의『백가강단』에 보면 '공부하는 분위기에 관해 법(法), 려(侶), 재(財), 지(地), 사(師), 덕(德), 혜(慧), 오(梧)라는 8자로 개괄하는데, 법은 학습방법, 려(侶)는 함께 공부하는 친구, 재(財)는 교육에 대한 투자, 지(地)는 학습하는 공간, 사(師)는 적합한 스승, 덕(德)은 정확한 학습태도, 혜(慧)는 일정한 지력기초와 투입이 구비, 오(梧)는 개인 관점을 형성하고 이치를 종합적으로 이해하는 말이다. 교육이란 가르쳐 이끄는 것이지 질책하는 것이 아니고, 모범을 보이는 것이지 입으로 알려주는 것이 아니다.'라고 잘 정리되어 있다.

교육은 백년대계이다. 하루아침에 이루어질 수는 없다. 지금 우리는 연간 40만 명도 안 되는 저 출산으로 대학도 구조조정을 하고 있다. 지금 우리 사회는 앞에 사는 집과도 소통하지 않고 노인 공경 사상도 무너지고 있다. 부모도 돈이 없으면 자식들로부터 소외를 당하여 기본 교육의 부활이 절실히 요구되고 있다. 우리에게는 조선시대 사람의 기본을 가르친 좋은 사례가 있다. 지금의 도덕과목을 전면 개편하여 초등학교에서 고등학교까지 의무교육기간동안 조선시대의 교과목을 반영하면 교육효과가 배가될 것으로 생각한다.

공부는 혼자서하는 것이 아니다. 공부는 주변 환경에 영향을 받는 것이다. 그리고 주변의 좋은 친구와 자신을 인도해 줄 스승이 있어야 한다. 그러나 가장 중요한 것은 지식을 가르쳐 주는 기간은 성인 이전까지이며 성인이 되면 지혜를 발휘하도록 만드는 것이 궁극적인 목표다.

4. 세상을 이끄는 직업을 찾으려면 미래 트랜드를 읽어라

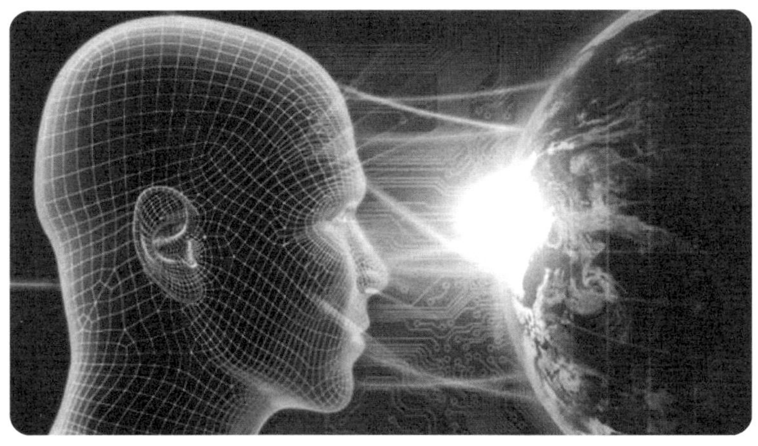

구글의 딥 마인드(Deep Mind)사가 개발한 인공지능(AI: Artificial Intelligence) 컴퓨터 알파고와 세계 바둑계의 최고수인 한국의 이세돌 9단과의 대국이 2016년 3월에 서울에서 개최되어 전 세계의 이목을 집

중시켰다. 5판의 대국 중에서 이세돌이 겨우 1승을 거두었음에도 불구하고 인간의 존엄성과 위대함을 알렸다. 모든 미디어 매체가 이른바 인공지능시대의 도래로 인해 대체될 수 있는 사라지는 직업군과 새로운 다양한 직업 트렌드를 대비해야 한다고 톱뉴스로 다뤘다. 2017년 5월에는 더 진화된 딥 마인드와의 대국에서 중국의 커제 9단은 한판도 이지기 못하고 졌다. 최근 인공지능은 3000년을 축적해온 인간 지성을 40일 만에 익히며 빠르게 발전하고 있다. 스티븐 호킹 박사는 "인류가 인공지능에게 무한한 도움을 받을지, 인공지능에게 무시당해 부수적 존재로 전락할지, 또는 파멸 당할지 아직 알 수 없습니다."라며 무시무시한 인공지능의 세계를 우려하고 있다.

한국고용정보원(www.keis.or.kr)에서는 진로지도 및 직업세계에 대한 다양한 정보와 자료를 정기적으로 발간하고 있다. 특히 한국직업사전은 2년마다 발간하고 있는데 새로운 직업 유형과 미래 유망 직업군을 소개하고 있다.

유엔미래보고서는 향후 20년 후에 나타날 수 있는 미래 예측과 유망 직업을 다루고 있어 대학생들에게 필독을 권한다. 『유엔미래보고서 2025』에 보면 2025년 메가트랜드를 소개하고 미래 유망 직업 54를 발표했다.

분 야	직 업
경제·경영 분야	브레인 퀀트(수학모델을 이용해 기업의 가치와 현재의 주가, 시장 예측 통계 모델을 산출하는 프로그램을 만들고 투자결정을 내리는 사람), 최고경험관리자, 세계 자원 관리자, 금융기술 전문가, 대안화폐 전문가, 창업투자 전문가, 오피스 프로듀서, 인재관리자, 매너 컨설턴트, 개인 브랜드 전문가, 인도 전문가
의료·복지 분야	복제 전문가, 기억수술 전문 외과의, 생체로봇 외과의, 장기 취급 전문가, 두뇌 시뮬레이션 전문가, 유전자 상담사, 치매 치료사, 임종 설계사
환경·에너지 분야	탄소 배출 점검 기록 전문가, 탄소 배출권 거래중개인, 우주 관리인, 에너지 수확 전문가, 제4세대 핵발전 전문가, 날씨 조절 관리자, 극초음속 비행기 기술자, 종 복원 전문가, 환경병 컨설턴트, 미세 조류 전문가, 수소 연료전지 전문가
IT·로봇 분야	홀로그래피 전문가, 증강현실 전문가, 인공지능 전문가, 양자 컴퓨터 전문가, 정보보호 전문가, 무인 자동차 엔지니어, 로봇 기술자, 군사로봇 전문가
문화·예술 분야	특수효과 전문가, 내로캐스터(시청자를 대상으로 TV 프로그램 및 데이터베이스 제공), 나노섬유 의류 전문가, 캐릭터 MD, 미래 예술가(네트워크를 활용한 집단예술), 디지털 고고학자
생활·여가 분야	아바타 관계 관리자, 미래 가이드, 결혼 및 동거 전문 강화 전문가, 세계 윤리 관리자, 건강관리 전문가, 배양육 전문가, 식료품 구매대행, 단순화 컨설턴트, 우주여행 가이드, 익스트림 스포츠 가이드

5. 고전이 답이다

미국 대학들이 학생들에게 요구하는 인문고전 독서는 우리의 상상을 초월한다. 세인트존스 대학은 4년 내내 인문고전 100권을 읽고 토론하고 에세이를 쓰는 게 교육과정의 전부이다. 어려운 고전을 일고 토론하는 학생들은 무엇을 배우고 있을까? 이 학교에서 스스로 배운 것은 새로운 정보와 지식이 아닌 바로 '나' 자신이라는 것이다. 내가 무엇을 좋아하고, 내가 무엇을 잘하고 못하는지, 무엇을 가치 있게 여기는지를 통해서 어떠한 상황에서도 세상과 나를 연결하는 방법을 배우고 있다. 조지 와이드 대학은 미국 건국의 아버지 토마스 제퍼슨의 멘토 조지 와이드의 이름을 따서 짓고, 주요 교육과정은 토마스 제퍼슨이 조지 와이드에게 4년간 받았던 교육, 즉 멘토와 함께 인문고전을 읽고 토론하는 것이다. 예일대학, 뉴욕대학, 보스턴 대학, 시카고 대학, 리드 대학 등 160개 대학에서 '인문고전 100권 독서 프로그램'이나 '인문고전 독서 중심의 전공과정'을 제공하고 있다.

아이슈타인은 초등학교 시절 지적장애가 아닌가 의심스러울 정도로 나쁜 기억력, 산만함 그리고 불성실한 수업태도로 유명하였다. 이후 고등학교에서 퇴학을 대학입학시험에서 낙방하고 다시 고등학교에 들어가 대학교에서도 초라한 학점으로 졸업하고 생계를 위해 초라하기 그지없는 여러 일자리를 전전하였다. 그러나 10대 시절에 마르크스 탈무트라는 의대생을 가정교사를 통하여 유클리드의『기하학』, 이마누엘 칸트의『순수이성비판』등 인문 고전을 읽음으로써 자신의 인생을 완전히 바꾸기로 결심하고 17세에 "나는 술 대신 철학고전에 취하겠다!"고 선언하였다. 대학에서는 전공보다 철학 강의를 즐겨 듣고 직장에서는 상사로부터 아리스토텔레스 논리학에 근거한 사고 훈련을 받았으며, 퇴근 후에는 자신이 만든 인문고전독서 모임인 '올림피아 아카데미' 회원들과 플라톤의『대화편』, 존 스튜어트 밀의『논리학 체계』, 데이비드 흄의『인간 본성론』, 칼 피어슨의『과학과 문법』, 앙리푸앵카레의『과학과 가설』같은 책을 읽고 토론을 한 것이 '특수 상대성 이론'을 발표하는 계기가 되었다.

2017년 10월 아인슈타인이 정의한 '행복한 삶'에 관한 쪽지가 이스라엘에서 경매가 이루어졌다. 무려 130만 달러의 고가로 낙찰되었는데 사연은 다음과 같다. 아인슈타인은 1922년 순회 강연차 방문한 일본 도쿄의 임페리어 호텔에서 전보를 전하러 온 한 일본 배달원에게 이 쪽지를 건넸다. 당시는 아인슈타인이 노벨물리학상 수상자로 결정된 이듬해로 과학계 밖에서도 그의 명성이 커지고 있던 시기였다. 아인슈타인은 호텔로 전보를 가져온 배달원에게 줄 팁이 없자 직접 독일어로 두 개의 쪽지를 써 배달원에게 건넸다. 일본인 배달원의 친척이자 경매인에 따르면 당시 배달원은 호텔에서 이 쪽지를 받았다고 한다. 배달원에게 일정의 팁을 주는 것이 당시 관습이었는데 배달원은 팁을 받지 않았다. 아인슈타인은 그를 빈손으로 돌려보내는 대신 작은 종이에 독일어로 행복한 삶에 대한 글을 적어 배달원에게 건넸다. 쪽지에는 "조용하고 겸손한 삶은 끊임없는 불안감으로 성공을 추구하는 것보다 더 많은 기쁨을 가져다준다."고 쓰여 있다. 또 다른 종이에는 "유서가 있는 곳에 일이 있다."고 적혀 있었다. 아인슈타인은 배달원에게 쪽지를 주며 "만약 당신이 운이 좋은 사람이라면 아마도 이 쪽지들이 일반적인 팁보다 훨씬 더 가치 있게 될 것이다."라고 말했다고 경매인은 말했다.

레오나르드 다 빈치 역시 서른이 될 때까지 그는 실패한 예술가였다. 당시 피렌체는 르네상스를 대표하는 문화와 예술의 도시로 자리매김하고 있었다. 그런 도시의 지배계층에게 삼류에 준하는 취급을 받는다는 것은 예술가로서 사형선고를 받은 것이나 마찬가지였다. 우울증과 무기력증에 시달리는 그는 밀라노로 이주하여 36세에 라틴어를 독학하여 이탈리어로 번역되지 않은 문학, 철학, 역사 고전을 읽고 자신의 두뇌를 완벽하게 바꾸려고 노력했다. 그의 좌우명 중 하나는 "어떤 장애물이든 고된 노력으로 극복할 수 있다."라고 생각했다. 그는 특히 고대 그리스 철학에 심취하여 플라톤이 아카데메이아 정문 위에 "기하학을 모르는 사람은 들어오지 말라!"고 써놓은 것을 본받아, 자신의 사고 및 연구결과를 기록한 노트에 "수학자가 아닌 사람은 내 작품을 읽지 말라!"고 적어 놓을 정도였다. 이후 그는 회화, 조각, 공기역학, 광학, 해부학, 식물학, 건축학, 지리학, 물리학 등 다양한 분야에서 천재적인 업적을 남기게 되었다.

신세계 정용진부회장은 2014년 4월 인문학 콘서트 지식향연을 열었다. '왜 인문학인가?'라는 주제로 강의를 하면서 신세계는 인문학적 소양을 갖춘 사원을 뽑겠다고 했다. "스펙이 아무리 좋아도 사원들을 면접할 때마다 모범적인 답변을 하는 것보다 개인의 개성이 들어난 인재를 뽑고 싶다."고 말했다. 신세계는 "경영의 중심에 사람이 있다고 강조하면서 인문학은 취업을 하는 도구가 아니라 인생을 향기롭고 방향을 제시해주는 버팀목이다."라고 말하면서 다음과 같이 청춘에게 제안하는 3가지를 제시했다. 첫째, 고전을 읽어라! 그는 "빠른 것에 익숙해 요약본으로 고전을 습득하는 세태가 안타깝다."며 "레미제라블을 읽으면 스토리보다 장발장이 느낀 절박함, 죄책감 등의 감정을 곱씹어야 한다."고 삶과 인간에 대해 깊이 이해할 것을 조언했다. 둘째, 살펴보라! 고은 시인의 시 '그 꽃'을 다음과 같이 낭송하며 "내려갈 때 보았네. 올라갈 때 못 본 그 꽃"을 현실에 쫓겨 스펙에만 매달리다 인생의 아름다운 것들을 지나치지 말고 인문학을 통해 생각의 폭을 넓혀 주위를 둘러보라는 의미였다. 셋째, 들여다보라! 장석주의 『달과 물안개』중에서 '대추 한 알', "대추가 저절로 붉어질 리는 없다. 저 안에 태풍 몇 개, 저 안에 천둥 몇 개, 저 안에 번개 몇 개가 들어서서 붉게 익히는 것일 게다. 저게 저 혼자 둥글어질 리는 없다. 저 안에 무서리 내린 몇 밤, 저 안에 땡볕 한 달, 저 안에 초승달 몇 날이 들어서서 둥글게 만드는 것일 게다. 대추나무야, 너는 세상과 통하였구나!" 직접 낭송했다. "대추가 몇 개 열렸는지에 집중할 것이 아니라 대추가 맛있게 익기 위해 어떤 갈등과 고뇌와 외로움이 있었는지 보아야 한다. 껍데기가 아닌 본질을 들여다보는 통찰력을 기르라."고 제언했다. 아울러, "과거와 달리 스펙이 좋은 사람이 우수한 사람이라는 등식이 깨졌다. 급변하는 시대에는 새로운 공식이 필요하다. 일이든 개인 생활이던지 인간을 이해하는 사람만이 통찰력을 키울 수 있다."고 강조했다. 또 "획일적인 의식을 갖고 있다면 예측불허의 시장을 이겨나갈 수 없다."고 그는 덧붙였다. "자기의견을 정확히 제시하는 사람이 있어야 혁신적인 결과를 이끌어낸다."고 말했다. 신세계도 앞으로 스펙이 아닌 인문학적 소양을 가진 인물 위주로 채용방식을 바꿨다.

인문 고전이란 짧게는 100년 이상, 길게는 1,000~2,000년 이상 살아남은 책이다. 고전을 읽고 자신의 것으로 소화한다면 세상을 지배하는 기반에 되리라 생각한다.

세인트존스 대학의 학년별 인문고전 리스트

1학년

1	호메로스	《일리아스 Iliad》
2	호메로스	《오디세이아 Odyssey》
3	아이스킬로스	《아가멤논 Agamemnon》
4	아이스킬로스	《제주를 바치는 여인들 Libation bearers》
5	아이스킬로스	《에우메니데스 Eumenides》
6	아이스킬로스	《결박된 프로메테우스 Prometheus bound》
7	헤로도토스	《역사 Histories》
8	플라톤	《고르기아스 Gorgias》
9	플라톤	《메논 Meno》
10	플라톤	《국가 Republic》
11	플라톤	《변명 Apology》
12	플라톤	《크리톤 Crito》
13	플라톤	《파이돈 Phaedo》
14	플라톤	《테아이테토스 Theaetetus》
15	플라톤	《소피스트 Sophist》

16	플라톤	《파이드로스 Phaedrus》
17	플라톤	《향연 Symposium》
18	플라톤	《티마이오스 Timaeus》
19	소포클레스	《오이디푸스 왕 Oedipus rex》
20	소포클레스	《콜로노스의 오이디푸스 Oedipus at colonus》
21	소포클레스	《안티고네 Antigone》
22	소포클레스	《아이아스 Ajax》
23	소포클레스	《필록테테스 Philoctetes》
24	아리스토파네스	《구름 Clouds》
25	아리스토파네스	《개구리 Frogs》
26	투키디데스	《펠로폰네소스 전쟁사 Peloponnesian war》
27	아리스토텔레스	《니코마코스 윤리학 Nicomachean ethics》
28	아리스토텔레스	《정치학 Politics》
29	아리스토텔레스	《물리학 Physics》
30	아리스토텔레스	《형이상학 Metaphysics》
31	아리스토텔레스	《시학 Poetics》
32	루크레티우스	《사물의 본성에 관하여 On the nature of things》
33	에우리피데스	《박코스의 여신도들 Bacchae》

2학년

34		《구약성서 Hebrew bible》
35		《신약성서 New testament》
36	리비우스	《로마 건국사 The early history of Rome》
37	플루타르코스	《플루타르코스 영웅전 Plutarch: lives》
38	베르길리우스	《아이네이스 Aeneid》

39	타키투스	《연대기 Annals》
40	에픽테토스	《담화록 Discourses》
41	아리스토텔레스	《영혼론 On the soul》
42	플로티노스	《에네아데스 Enneads》
43	아우구스티누스	《고백록 Confessions》
44	마이모니데스	《방황하는 자들을 위한 안내서 Guide of the perplexed》
45	성 안셀무스	《프로슬로기움 Proslogium: Gaunilo's reply and Anselm's response》
46	토마스 아퀴나스	《신학 대전 Summa theologiae》
47	단테	《신곡 Divine comedy》
48	초서	《캔터베리 이야기 Canterbury tales》
49	마키아벨리	《군주론 The prince》
50	몽테뉴	《수상록 Essays》
51	베이컨	《신기관 New organon》
52	베이컨	《새로운 아틀란티스 New Atlantis》
53	베이컨	《대혁신 Great instauration》
54	데카르트	《방법서설 Discourse on method》
55	셰익스피어	《한여름밤의 꿈 Midsummer night's dream》
56	셰익스피어	《리처드 2세 Richard II》
57	셰익스피어	《헨리 4세 Henry IV》
58	셰익스피어	《오셀로 Othello》
59	셰익스피어	《맥베스 Macbeth》
60	셰익스피어	《리어 왕 King Lear》
61	셰익스피어	《템페스트 Tempest》
62	셰익스피어	《뜻대로 하세요 As You Like It》

3학년

63	세르반테스	《돈키호테 Don Quijote》
64	데카르트	《제일철학에 관한 성찰 Meditations de prima philosophia》
65	파스칼	《팡세 Pensees》
66	밀턴	《실낙원 Paradise lost》
67	홉스	《리바이어던 Leviathan》
68	스피노자	《신학 정치론 Theologico political treatise》
69	로크	《통치론 Second treatise of government》
70	루소	《인간 불평등 기원론 Discourse on the origin of inequality》
71	루소	《사회계약론 Social contract》
72	스위프트	《걸리버 여행기 Gulliver's travels》
73	라이프니츠	《철학 논문집 Philosophical essays》
74	흄	《인성론 Treatise of human nature》
75	흄	《도덕 원리에 관한 연구 Enquiry concerning principles of morals》
76	워즈워스	《서곡 Two part prelude》
77	제인 오스틴	《오만과 편견 Pride and prejudice》
78	칸트	《순수이성비판 Critique of pure reason》
79	칸트	《도덕 형이상학 기초 Groundwork of the meta-physics of morals》
80	모차르트	《돈 조반니 Don Giovanni》
81	애덤 스미스	《국부론 Wealth of nations》
82	호손	《주홍글씨 Scarlet letter》
83		《미국독립선언문 Declaration of indepen-dence》
84		《미합중국헌법 Constitution of the U.S.A.》
85	해밀턴·제이·매디슨	《연방주의자 Madison, Hamilton, Jay: The fede-ralist》
86	트웨인	《허클베리 핀의 모험 Adventures of Huckle-berry Finn》

4학년

87	톨스토이	《전쟁과 평화 War and peace》
88	헤겔	《정신현상학 Phenomenology of spirit》
89	토크빌	《미국의 민주주의 Democracy in America》
90	마르크스	《경제학 철학 수고 Economic and philosophic manuscripts》
91	마르크스	《자본론 Capital》
92	마르크스	《독일 이데올로기 German ideology》
93	키르케고르	《두려움과 떨림 Fear & Trembling》
94	키르케고르	《철학적 단편 Philosophical fragments》
95	멜빌	《베니토 세레노 Benito Cereno》
96	듀보이스	《흑인의 영혼 The souls of black folk》
97	도스토옙스키	《카라마조프가의 형제들 Brothers Karamazov》
98	드레드 스콧	《드레드 스콧 판결문 Dred Scott: Decision》
99	링컨	《연설문 선집 Lincoln speeches; Constitutional amendments》
100		《대법원 판례집 Supreme court decisions》
101	니체	《선악의 저편 Beyond good and evil》
102	프로이트	《정신 분석학 입문 Introductory lectures》
103	하이데거	《존재와 시간 Being and time》
104	버지니아 울프	《댈러웨이 부인 Mrs. Dalloway》
105	비트겐슈타인	《철학적 탐구 Philosophical investigations》
106	조이스	《더블린 사람들 Dubliners》

6. 다양한 운동을 접해야 한다

학생들이 즐기는 운동은 육상, 태권도, 유도, 축구, 배구, 농구, 배드민턴, 핸드볼, 역도 등을 들 수 있다. 그러나 운동 영역을 더 넓혀서 야외에서 할 수 있는 계절별 스포츠를 즐기는 기회를 갖도록 하는 기회를 많이 접해야 한다. 여름철엔 수영, 수상스키, 윈드서핑 등 겨울에는 스키, 스케이트를 즐겨보자 기회가 된다면 골프, 테니스, 산소탱크를 지고 바다 속을 유영하는 스쿠버 등을 해본다면 다양한 스포츠의 매력에 즐거움을 배가할 수 있을 것이다. 운동은 학생시절 하던 것을 대부분 일생을 통해 하게 된다. 새로운 스포츠를 통해 건강하고 단련된 체력을 가진다면 나이가 들어서도 운동을 하게 되고 오랫동안 쌓이게 되면 건강을 유지하는 첩경이 될 수 있다.

특히 좋아하는 운동이 있다면 스포츠 선수로서 직업을 가질 수도 있다. 2017년 7월 여자아마추어 골프선수 최혜진은 대한민국 국가대표로서 선수로서 미국여자골프협회가 주관한 대회에서 전 세계에서 내로라하는 프로선수들을 제치고 2위를 하여 세계에 이름을 알렸다. 그녀는 18세가 되는 2017년 8월 프로로 전향하면서 롯데그룹과 메인 스폰서십 계약을 체결했다. 계약금은 2년간 12억 원 선이다. 여기에 성적에 따른 인센티브 조건도 파격적인 것으로 알려졌다. 이 같은 계약 규모는 2012년 김효주 선수가 받은 2년간 10억원 조건을 상회하는 역대 신인 최고의 대우다. 그녀는 보라는 듯이 신인으로 데뷔한 KLPGA 2018시즌 개막전인 효성 챔피언십에서 신인 최초 개막전 우승을 이루었다.

스포츠는 피어나는 청춘일 때 가장 인생의 꽃을 피울 수가 있다. "건강한 신체에 건강한 마음이 깃든다."(A healthy mind in a healthy body)는 로마의 격언은 가슴속에 새겨 두어야 할 명언이다.

2017 US여자오픈 베스트 아마추어상

KLPGA 2018시즌 개막전 효성 챔피언십에서 우승

7. 하루 단 10분 생각하는 사람이 되자

빌 게이츠 마이크로소프트 회장은 1년에 두 번 일주일 동안 외딴 곳으로 들어가 회사직원, 친구, 가족들까지 만나지 않고 회사와 사회에 대해 생각하는 '생각하는 주'(Think Week)를 가진다고 한다.

왜 그는 그런 시간을 가질까? 바쁜 사람일수록 시간이 금이다. 그러나 앞만 보고 살다보면 어느 날 갑작스럽게 다가오는 무시무시한 말 '나는 누구지? 내가 왜 이렇게 살아야 하지? 내가 뭐하고 있는 걸까?' 등이 혼돈의 세계로 빠져들게 한다. 열심히 일했으니 돈은 벌겠지만 그로 인해 잃어버린 많은 것들이 있다. 나를 잃어버린 것이다. 바쁘게 살다보면 주변의 소중한 것인 심지어 가족도 등한시하게 된다. 나에게 정말 중요한 것이 무엇인가를 일깨워 주는 자기 성찰을 할 필요가 있는 것이다.

자기 전에 하루를 돌아보고 내일을 어떻게 보낼 것인가를 생각하는 시간을 10분이라도 내어보면 어떨까? 아내가 있다면 아내와 대화도 하고 아이가 있다면 그날 어떻게 보냈고 무엇이 필요한지를 이야기 해보는 시간이 얼마나 소중할까?

8. 삶에서 가장 소중한 것은 무엇일까

2013년 영국 런던에서 리처드 커치스 감독의 『어바웃 타임』(About Time)이 상영되었다. 이 영화의 가장 큰 매력중의 하나는 가족을 생각하게 하는 여행이자 시간여행과 사랑에 관한 영화이다. 지금의 잘못된 결과를 과거로 돌아가 그 사건을 고쳐서 잘된 결과로 만든 인생, 행복, 사랑에 관한 이야기이다. 이 영화가 전하고자 하는 메시지는 인생은 모두가 함께하는 시간여행이다. 매일 매일 사는 동안 우리가 할 수 있는 건 최선을 다해 이 여행을 만끽하라는 것이다.

2017년 12월 15일 세종문화회관 대극장에서 1세대 한류스타 안재욱이 뮤지컬 '광화문 연가'에 출연했다. 그는 임종을 눈앞에 두고 응급실에서 심폐소생술 중 과거의 기억 속으로 돌아가는 중년의 명우 역할을 맡았다. 안재욱은 자신의 인생에서 가장 소중한 기억들로 아내와의 사랑이 이루어진 날, 데뷔 순간, 대학에서 연극하던 시절, 첫 아이 수현이가 태어난 때, 가수로서 해외에서 콘서트 하던 순간, 미국에서 사고가 난 일 등을 꼽았다. 생과 사의 고비를 지나쳐 온 뒤 결혼을 하고 귀여운 딸까지 둔 가장이 된 안재욱이 마지막 순간 한 가지 기억만을 가져가야 한다면 그는 과연 어떤 선택을 할까? 죽음을 맞기 1분전 추억으로 여행을 떠날 수 있다면 인생의 마지막 순간 가장 소중한 것은 사랑이었다. 안재욱은 자신의 모든 소중한 순간을 포기하고 마지막으로 남길 기억으로 소중한 아내에게 프러포즈한 그 때를 선택했다.

유대인들은 매주 금요일 오전까지 일을 마치고 집으로 돌아와 집에서 가족들과 음식을 만들면서 금요일 일몰부터 토요일 일몰 직전까지가 안식일을 지낸다. 어느 누구도 침범할 수 없는 오직 가족을 위한 절대 시간인 것이다. 유대인의 카발라(전승, 모세 5경)와 하시디즘에서 가장 중요한 주체는 가족이다. 사람은 남편이나 아내가 되어 가정을 이루면 행복이 몇 곱절 늘어난다. 가족은 완전한 기쁨으로 가는 길을 제시한다. 이 가르침은 정절이라는 기본 규칙을 존중하고, 건전하고 충실한 결혼 생활을 유지하며, 많은 자녀를 낳는 것을 낙으로 삼고 기다리라고 충고한다. 안식일인 금요일 밤이면 얌전하면서 아름답게 차려 입은 자식들이 안식일 초에 불(촛불이 세상에 평화를 가져다준다!)을 켠다. 남편은 포도주를 축복하고 음식과 안식일 빵을 먹는다. 식탁에서는 종교적 가르침과 일화를 이야기하고, 특별한 가락의 노래를 부른다.

삶에서 가장 소중한 것은 가족으로부터 나오는 사랑인 것이다.

9. 검소한 자가 천하를 얻는다

삼국시대 위나라 조조는 평소 자신과 가족들에게 검약을 솔선수범하고, 명장과 간부들도 청렴한 정치로 행정 효율이 높고 부정한 기풍이 적었다고 한다.

조조는 화려한 것을 좋아하지 않고 자녀나 후궁에게 검소하고 소박한 생활을 하도록 하였다. 심지어 딸을 시집보낼 때는 모두 검은색 휘장을 쓰고 시종은 열 명을 넘지 않았고, 상 따위는 바라지 말고 스스로 숨어 지낼 생각이나 해라!"고 말했다고 한다. 『삼국지』 후비전(后妃傳)에 조조의 변부인이 동생 변병에게 집을 지어주었던 기록이 있는데 동생 집을 다 지은 후 친척을 불러 식사를 했는데, 상에는 나물과 조밥뿐 어육이 놓이지 않았다고 하며 그녀 또한 검소하기가 이와 같았다.

『삼국지』 위서(魏書)에 조조가 이름난 명주 귀걸이 몇 개를 가져와 변부인에게 먼저 하나를 고르라고 했는데 중간급의 귀걸이를 골랐다. 조조가 이유를 묻자 "제일 좋은 것을 취하는 것은 욕심이고, 가장 나쁜 것을 취하는 것은 위선이다. 그래서 중간을 취한 것입니다."라며 변부인의 대답은 매우 절묘하였다. 변부인은 왕후가 되었지만 그 일가친척이 권세를 얻지는 않았다. 친척을 만날 때마다 그들에게 절검의 도를 이야기하고 호화스럽고 사치스러운 생활에 빠지지 말라고 훈계하였다고 한다.

『삼국지』 위기전(衛覬傳)에 조조의 손자 조예가 위 명제가 되었을 때 상서 위기가 올린 상소의 내용을 보면 "지금의 임무는 군신과 상하가 함께 주의해 방책을 생각하고, 국고의 재산을 계산하고, 수입을 헤아려 지출하는 것입니다."라고 하며 특별히 "무 황제(조조) 때 후궁의 식사에는 고기반찬이 한 가지 뿐이었고, 의복은 비단을 사용하지 않았으며, 자리는 장식을 하지 못했고, 가물에는 붉은 칠을 하지 않았는데, 이로써 천하를 평정하고 자손에게 북을 만들어주었습니다."라고 하였다.

조조 수하의 명장 가운데 대장군 하후돈은 성격이 청렴하고 검소해 남는 재물이 있으면 곧 사람들에게 베풀었고, 부족하면 관청에서 도움을 받았으며, 재산관리를 일로 삼지 않았다고 한다.

조조의 시중 순욱과 그의 조카 순유도 고관 중신이었지만 한결같이 겸허하고 검소하며 봉록을 친지와 친구들에게 나누어주어 집에는 남은 재산이 없었다고 한다. 동조연 모개는 중요한 직위에 있으면서도 항상 베옷을 입고 채소만 먹으면서, 형의 의로운 아들을 어루만지고 매우 독실하게 교육시켰으며, 하사받은 상은 빈곤한 씨족에게 베풀었으므로 집안에 남아 있는 것이 없었다고 한다.

10. 사람의 마음을 얻는 것이 세상의 이치를 깨닫는 것이다

천시지리인화(天時地利人和)라는 말이 있다. 이는 삼국지 시대의 영웅호걸들이 시대를 지배하는 원동력을 말하는데 조조는 때를 잘 타고나 난세의 영웅을 되어 천시를 얻었다고 하고, 손권은 지리적으로 가장 좋은 양자강을 낀 풍요로운 강동이라는 지리적 이점을 얻었으며, 유비는 도원결의를 통해 관우와 장비를 얻고 고비 마다 자신을 도와줄 사람을 만나 인화를 얻어 패권을 장악했다. 유비는 한 씨 왕족의 신분이나 미천한 농사나 짓고 신발을 팔면서 아무것도 가진 것이 없이 난세를 평정하고자 큰 뜻을 가지고 출발하였으나 몇 차례 고비를 맞는다. 그는 공손찬을 도와 평원군 현령이 되고, 서주목사 도겸을 도와 도겸이 병으로 사망하려 하자 서부 지방행정관 미축(유비 미부인의 장인)과 서주 지역의 실력파 진등이 원술 보다 유비의 겸손을 높이 평가하고, 제후세력인 북해상 공융이 유비를 서주목사에 천거하였으나 세 번의 양보인 삼양서주(三讓西州)를 통해 자신의 정치적 근거지인 서주목사에 부임하였다. 천시는 지리보다 못하고 지리는 인화보다 못하다는 즉 사람의 뜻을 모으는 사람을 갖는 자가 천하를 통일한다는 뜻이다. 쌍용그룹의 창업자 김성곤 회장은 사훈을 천시불여인화(天時不如人和)라고 하며 시대의 조류보다 더 중요한 것은 사람의 마음을 얻는 인화를 역설하였다.

무슨 일을 하던 만족관리의 대상과 기대수준이 있다. 아주 간단한 논리이다. 먼저 대상은 선생님은 학생에게, 공무원은 국민에게, 기업은 고객에게, 아이는 부모에게 만족을 주는 생각을 가지고 있다면 즉 초심으로 돌아가서 본질을 연구하고 노력한다면 무엇이든 이룰 수 있다.

아울러 그들의 기대수준은 무형자산인 좋은 평판과 지명도가 좌우한다. 조직에서 위로 올라 갈수록 좋은 평판은 실력보다 중요하다. 특히 기업의 경우 평판의 중요성은 말로 표현할 수 없다. 요즈음은 소비자의 시대이다. 기업이 소비자를 우롱하거나 해를 끼친다면 그 기업은 소비자들로부터 신뢰를 잃어 하루아침에 수십 년간 쌓아온 기업의 이미지 등 모든 것을 잃을 수 있는 사례를 우리는 많이 본다. 소비자가 물건을 구매하는 것도 같은 물건이라 하더라도 고가의 물품을 구매하는 것도 그 기업의 지명도에서 나온다. 사람도 마찬가지이다. 그 사람의 지명도, 즉 어떻게 그가 오랜 시간동안 살아왔느냐이다. 사람은 무엇보다 자기관리를 통해 겸손과 배려로 사람을 얻는다. 이는 모든 이에게 적용되는 말이지만 험난한 세상 풍파를 살면서 아무나 실천할 수 있는 것도 아니다. 사회를 출발하는 신입사원들에게는 금과옥조 같은 말이다. 가슴에 새기고 오랜 시간 스스로 배우고 다듬고 관리한다면 세상을 다 가질 수 있다.

11. 노는 방법을 배우지 못한 늦저씨

은퇴한 분들을 노인이 아닌 나이든 아저씨인 '늦저씨'라는 말을 쓰고 싶다. 물론 표준어도 아니다. 요즈음 조금 산다하면 수명이 100세 시대이다. 법적인 은퇴는 60세가 정년인데 긴 수명에 비하면 노인이라기보다 나이든 아저씨이다. 비교적 신체가 건강하여 은퇴의 삶 보다는 60세 중반까지는 경제 활동을 영위하고 싶어 한다. 그런 늦저씨들은 직장에서 노는 방법을 배우지 못했다. 은퇴하고 한 달도 되지 않아 몸이 근질근질하고 무엇인가 하려고 한다. 특히 돈 버는 경제 활동을 하고 싶어 하는 추세이다. 우리나라는 이 시대를 사는 직장인들이 1년에 아주 긴 휴가를 간다고 해도 10일 이내이다. 참으로 불행하다. 이미 수십 년 전부터 유럽이나 미국 등 선진국을 포함하여 아시아의 많은 국가들이 1개월 이상의 여름휴가를 즐기며 가족들과 해외여행을 가는 것이 보편화 된 것에 반해 우리나라는 아직도 10일 이내 아니 일주일 정도 밖에 되지 않는다. 이러하니 장기간 휴가를 줘도 무엇을 하고 놀지 잘 알 수가 없다.

은퇴를 맞이한 분들이 경제적인 여유가 있다면 일부 계층에서는 한 달 이상의 해외여행을 다녀오기도 하지만 대부분 그렇지 못하다. 특히 남편이 은퇴하고 가정에 있으면 아내들 역시 어느 날 갑자기 생활 패턴이 바뀌어 적응을 잘하지 못하고 부부가 서로 눈치를 보는 어색한 세상이 되어버렸다. 하루에 밥 세끼를 먹는 '삼식이'가 아내에게 제일 눈치를 보인다는 말이 참으로 가슴 아픈 일이다. 일단 은퇴를 하면 본인 스스로에게 대견하다고 칭찬을 해야 한다. 그리고 가족들도 은퇴를 잘 받아들여 가족의 일원으로 사랑으로 따뜻하게 대해 주어야 한다. 본인 역시 고민이 생기면 가족들과 아니 아내와 자신의 여생을 풍요롭게 보낼 것인지 상의하고 정리를 할 필요가 있다.

12. 해야 할 일과 하지 말아야 할 일

사람이 태어나 해야 할 일은 무엇일까? 사실 별 것 아니다. 인간의 본분을 다하고 인간답게 사는 것이다. 서로를 존중하고 배움을 멈추지 않는 것이다. 그렇다면 하지 말아야 할 일은 가족이나 남에게 상처를 주는 것이다. 유대인은 가족 간의 사랑과 유대, 그리고 자선을 가장 중요시 한다. '세상의 모든 아이는 빛나는 별'이라고 하고, 형제간에 한 사람이라도 형편이 안 좋은 사람이 있으면 도와야 함을 생활 윤리로 삶는다. 특히 금요일 오후가 되면 모든 일을 멈추고 가정으로 돌아가 음식을 만들어 가족간에 서로 그 주간에 일어난 일들에 대해 서로 관심과 문제를 해결하는 시간을 갖고 토요일 아침에 시너고그라는 회당에 가서 그들만의 교류활동을 한다. '맨쉬'(Mensch)와 '쩨다카'(Tzedaka)라는 말은 '맨쉬'는 주위로부터 완전한 신뢰를 받는 사람이며, 타인과의 관계에 있어 정직하고 반듯한 윤리적인 인간이다. 유대인 부모들은 자녀가 좋은 대학과 직장에 들어가기를 바라서 공부시키지 않는다. '쩨다카'는 여유가 있든 없든 기부문화를 실천하는 것이다. 학창시절에는 하브루타(Chavruta)라고 하여 서로 짝을 이루어 공부하는 스터디 그룹으로 예시바(Yeshiva)는 도서관 좌석에서 모두 목소리를 높이며 토론한다. 유대의 계율에 "진정한 부자는 자신이 가진 것에 만족하는 사람이다. 남자는 항상 자신이 아내를 존중하고 있다는 걸 아내에게 보여줄 수 있도록 극도로 신중해야 한다."

이는 모든 결정에 대해 아내와 상의하는 것이다. "너의 형제들 가운데 가난한 사람이 있다면 그 가난한 형제를 향해 인색해지거나 주먹을 움켜지는 일이 없도록 하라. 오히려 손을 벌려 그가 필요한 모든 것을 대가 없이 빌려 주어라." 자선에는 8가지 등급이 있는데 그 중 가장 높은 것은 가난한 유대인에게 선물하거나 돈을 빌려 주는 것 또는 그와 동업하는 것 또는 그 사람에게 일자리를 주어 그 사람을 돕는 것이다. 탈무드에는 "힘을 가졌을 때, 힘이 없는 자를 헤아리는 지도자가 좋은 지도자다. 지시를 받고 하는 사람이 지시를 받지 않았는데도 자발적으로 하는 사람보다 더 훌륭하다."는 너무 멋진 글이 있다.

노인이 되면 해야 할 일이 있다. '누워있지 말고 끊임없이 움직여야 한다. 움직이면 살고 누우면 죽는다. 마음에 들지 않아도 웃으며 받아 들여라. 이 세상 모두가 내 뜻대로 되는 것은 아니다. 본인이 즐겨하는 카페나 동아리에 가입하여 젊은이들과 어울리면 젊은 기분이 유입되면 활력이 생겨난다. 젊은이의 이야기에 공감해주고 나잇값을 안 하는 어른만이 존경을 받는다. 성질을 느긋하게 가질 필요가 있다. 노인이 되면 노인만의 특유한 냄새가 난다. 몸을 깨끗하게 하라. 돈은 삶을 영위하는 도구일 뿐이며 사람이 재산이다. 친구들과 겸손하게 화목하게 지내야 한다. 노인이 되면 얼굴 표정이 굳어 있다.' 표정관리를 위해서 하루 5분씩이라도 웃는 연습을 하는 것은 어떨까?

나이가 들면 하지 말아야 할 것들이 있다. '잔소리하지 마라! 큰소리도 치지 마라! 노인이라는 이름으로 젊은이를 책망하지 마라! 자주 토라지지 마라! 모든 것을 다 아는 체 마라! 자식과 며느리 흉을 보지 마라! 결혼한 자녀에게 집에 와서 밥 먹어라! 여행 경비를 대라!' 등이다. 자녀들이 결혼하면 자신들의 가정을 꾸리기 바빠서 부모를 돌보기가 쉽지 않은 게 현실이다. 결혼한 자녀는 직장생활과 아이를 키우면서 그들만의 시간이 필요하다. 다만 건강이 나빠지거나 아픈 곳이 있다면 자녀에게 알려야 한다. 생로병사라는 말이 있지 않은가? 노인이 되어 가장 서러운 것은 아픈 것이다. 아파서 결국 죽게 되는 것이 인간의 일생인데 아프면 노인은 정신적으로 육체적으로 절망하게 된다.

13. 신상필벌은 엄하게 해야 한다

스스로에게 엄격한 사람은 반듯한 사람이다. 반면에 자신에게 관대한 사람은 남에게 엄한 잣대를 가지고 있다고 한다. 삼국시대 촉나라 왕평과 마속에 대해 제갈량의 신상필벌을 살펴보자. 왕평은 조조가 한중을 정벌할 때 유비에게 투항한 항장(降將)이고 출신이 비천하며 계급도 낮고 교육 수준도 낮아 글씨를 쓰지 못했으며 겨우 문맹에 가까운 인물이다. 반면 마속의 형 마량은 제갈량을 존형(尊兄)이라고 부를 정도로 친형 이상으로 잘 지냈다. 마량은 다섯 형제 중 가장 뛰어났으며, 특히 눈썹에 하얀 털이 있었는데 이 고사로부터 뛰어난 사람을 백미(白眉)라 불렀다고 한다.

☞ 228년 제갈량이 북벌을 위해 기산으로 출정하자 마속이 가정을 지키겠다고 하여 제갈량은 마속의 청을 들어준다. 들어준 이유에는 제갈량에게 신뢰를 받고 평소 존형이라고 부르는 마량의 동생인지라 마속을 믿고 출정한다. 그러나 마속은 함께 가정을 지켰던 왕평의 만류

에도 불구하고 물을 버리고 산으로 올라가 진을 치자 왕평은 여러 차례 마속에게 간하였으나 마속이 듣지 않아 위나라 장수 장합에게 퇴로를 차단당하고 대패하였다. 그러나 왕평이 이끄는 병사 천명은 북을 두드리며 굳건히 지키자, 장합은 복병을 의심하여 더 이상 압박하지 않았다. 이리하여 왕평은 각 군영에 남아 있는 인마들을 수습하고 장사들을 이끌고 궁지에 물린 마속과 같이 돌아왔다.

제갈량은 자신의 지시를 어기고 전쟁에서 패한 군의 기강을 세우기 위해 마속에게 책임을 물어 목을 벤다. 그 사건이 읍참마속(泣斬馬謖)이다. 그리고 끝까지 본분을 다한 왕평에게는 참군에 임명하여 오부(五部)를 통솔하고 병영의 사무를 담당하게 하며, 토구(討寇)장군으로 승진시키고 정후(亭候)로 봉했다. 그리고 여러 차례 북벌 작전에서 왕평은 커다란 공을 세웠다.

신상필벌은 제갈량과 같이 자신에게 엄해야 한다. 평소 자신을 존형이라고 부르는 마량을 생각한다면 마속에게 다시 기회를 줄 수 있었다. 그러나 내 몸처럼 소중히 여겼던 사람을 떠나보낸 제갈량의 눈물겨운 결단은 참으로 분명 어려운 결단이다. 원칙과 소신을 지킨 제갈량의 이러한 처신은 우리에게 많은 것을 시사하고 있다.

14. 약속은 자신의 신용이다

사람을 사귀다 보면 한 가지로 그 사람을 평가할 수 있다. 그 한 가지가 '약속을 잘 지키는 사람인가'이다.

약속을 정하고 항상 10분전에 도착하는 습관을 갖는 행동을 하면 모든 사람들에게서 신뢰를 쌓게 된다. 특히 단체 생활을 할 때는 내가 지각이나 약속을 어김으로 해서 상대방에게 많은 피해를 주는 경우가 있다. 이러한 행동은 특히 지위가 높아질수록 엄격하게 적용된다. 우리나라 대기업에서 벌어진 일이다. 회사의 임원이 회장이 주재하는 회의에 늦은 적이 있다. 회장이 왜 늦었냐고 묻자 임원은 "오늘 집에 일이 있어서 좀 늦게 되었습니다!"라고 말하자, 회장은 곧바로 "그럼 집으로 가세요!"하고 그 임원은 회사를 그만두게 되었다고 한다. 회사 생활을 하면서 고객과의 약속 시간 엄수는 기본이다.

내가 회사에서 근무할 때 규모가 큰 해외 사업을 추진하려고 외국의 사업 파트너에 대한 신용조회를 글로벌 은행을 통하여 조회한 적이 있다. 신용조회결과 은행으로부터 "그가 운영하는 사업의 자세한 내용은 보내줄 수 없지만, 그는 약속을 지키지 않을 사람이 아니다!"라는 아주 짧은 단신의 회신을 받고 사업을 추진할 수 있었다.

학교에 다닐 때 보면 학교에서 가장 가까운 곳에 사는 학생이 지각을 제일 많이 한다. 차라리 집이 먼 학생은 일찍 일어나 학교에 일찍 도착하는 것을 여러분도 공감할 것이다. 늦는 사람은 항상 늦고 일찍 오는 사람은 항상 일찍 온다. 이와 같이 약속은 평소 습관화 되어 버린다. 우리나라 속담에 '일찍 일어나는 새가 벌레를 잡아먹는다!'라는 말은 성공한 자들의 습관이다.

나폴레옹은 약속을 하지 않는 것이 약속을 지키는 가장 좋은 방법이라고 말할 정도로 약속을 지키는 것이 쉽지 않음과 약속의 중요성을 역설했다. 일본인은 약속을 생명처럼 여긴다. 뉴질랜드에서는 병원이나 공공기관을 이용 시 약속을 어기면 약속 불이행에 대해 벌금을 부과할 수 있다는 경고 문자메시지를 보내 준다고 할 정도이다.

15. 일본인의 본질을 알자

일본의 역사를 살펴보자. 1만 년 전 대륙과 연결되었던 일본 지역은 빙하가 녹으면서 섬으로 분리되고 고립되자 기후의 변화로 인해 독자적인 생활과 문화를 형성한다. 기원전 3세기에 한반도에서 건너 온 외지인에 의해 벼농사 등 농경문화 등 문물이 퍼지면서 소국가 들이 나타난다. 이들은 중국 역사서인 후한서에 '왜'(倭)라는 이름으로 등장하였다. 4세기에 나라현(奈良県)에서 야마토(大和) 정권이 탄생되고 백제로부터 불교, 유교, 한자와 같은 문물이 전파되었다. 야마토 정권은 호족의 연합 정권이었는데 불교수용과 왕위계승을 놓고 싸움을 벌인 끝에 소가가문이 승리하자 소가노 우마코(蘇我馬子)는 6세기 말 자신의 여자 외조카를 왕으로 옹립하고 자신처럼 불교수용에 우호적인 우마야도(廏戸) 왕자를 섭정으로 임명하는데 이가 쇼토쿠 태자((聖徳 太子)다. 쇼토쿠 태자는 17조 헌법을 제정하고 아스카 시대(飛鳥時代)의 왕정을 실시하였으나 645년 정변으로 정권을 잡은 나카노우에 왕자 다이카 개신(大化改新)이라고 불리는 당나라 율령을 모방해 시행하면서 왕 중심의 중앙집권체제를 완성시킨다,

673년에 즉위한 '덴무 덴노'(天武天皇)는 국호를 왜에서 입본으로 바꾸고 왕의 호칭을 덴노(천황:天皇)로 격상하였다. 794년 간무 덴노(桓武天皇)가 헤이안(平安京, 교토)에 자리를 잡으면서 헤이안 시대를 이루고

초기에는 덴노가 나라를 통치하였지만 귀족과 영주들의 세력이 커지면서 9세기 초반 왕실의 외척인 후지와라(藤原)가문이 어린 덴노를 세우고 장성하면서 스스로 관백의 지위에 올라 권력을 독점하였다. 11세기 중반 후지와라 가문과 외척관계가 없는 덴노들이 즉위하면서 1172년에는 시라카와 덴노(白河 天皇)는 상왕이 되어 후지와라 가문을 배제하고 인세이(院政)정치를 하면서 상왕과 덴노사이에 내분이 일어나 지방에서 독자적인 군사력을 보유한 영주가문과 무사계급이 등장하게 되었다.

1192년 상왕과 덴노의 건페이 전쟁 끝에 미나모토 가문의 미나모토 요리모토(源正頼)가 정이대장군(쇼군)에 임명되면서 무사정권인 통치기관인 카마쿠라막부(鎌倉幕府)를 설치한다. 그러나 외척인 효조(評定) 가문에 빼앗기고 13세기 두 차례 몽고의 침입을 태풍인 카미가제(神風)으로 물리치고 1318년 고다이고 덴노(後醍醐 天皇)는 막부로부터 왕권을 되찾기 위해 다른 무사세력과 결탁해 1333년에 겐무신정(建武新政)을 실시하면서 보상에 불만을 품은 무사 아시카가 다카우치(足利高氏)가 무로마치 막부(室町幕府)를 세우면서 고다이고 덴노와 두 개의 조정이 존재하는 남북조 시대를 이룬다. 1467년 후계자 문제로 지방 영주인 슈교 다이묘(守護大名)들이 다른 후계자를 지지하면서 오닌의 난(應仁一亂)으로 두 세력으로 나뉘어져 센코쿠(戰國)시대가 도래한다. 1573년 교토로 상경하여 쇼군을 축출하고 무로마치 막부를 멸망시킨 센코쿠시대 오노노부나가([織田信長]는 부하인 1582년 부하인 아케치 미쓰히데에게 혼노지라는 절에서 습격당하여 죽고 오다의 세력을 지지한 1590년에 도요토미 히데요시(豐臣秀吉)가 통일을 이룩하고 내부의 불만 해소와 본인의 야망을 실현하기 위하여 임진왜란을 일으킨다. 그런 이순신 장군과 조선의병활동과 명나라의 지원으로 실패로 돌아가고 죽자 도쿠가와 이에야스(德川家康)가 거병하여 1603년에 에도막부(江戶幕府)를 세운다.

1853년 미국의 페리 제독이 4척의 미국 군함을 이끌고 개항을 요구하고 구로후네(黑船) 사건으로 굴욕적인 조약을 맺게 된다. 이 사건으로 조정과 막부가 혼란해지자 그동안 소외되었던 서남쪽의 다이묘들이 존양왕이(尊王攘夷, 텐노를 받들고 오랑캐를 무지르자!)를 외치며 막부 폐지를 외치고 1867년 에도 막부의 15대 쇼군 도쿠가와 요시노부(德川慶喜)는 텐노에게 국가 통치권을 반환하는 대정봉환(大政奉還)을 하며 메이지텐노가 메이지 시대(明治時代)를 연다. 서양 열강의 힘을 실감한 일본은 서양에 사절단을 보내 서구식 근대화에 성공하여 주변국에 대한 침략을 단행한다. 청일전쟁(1894.6~1895.4)과 러일전쟁(1904~1905)의 승리로 조선반도의 주도권을 쥔 일본은 1910년 을사늑약을 통해 조선을 강제로 병합한다. 1914년 1차 세계대전이 발발하자 영국과 프랑스와 러시아편으로 세계대전에 참전하여 이를 빌미로 중국을 침략한다. 1차 세계 대전이후 경제의 호황과 다이쇼 데모크라시라는 민주주의 풍조가 유행하지만 1929년 경제 대공황으로 군부가 개입하여 만주사변(1931) 일으키고 1941년 도죠 히데키(東條英機)가 동아시아 태평양 전쟁을 주도하고 히틀러와 친교를 맺고 2차 세계대전이 벌어진다. 1945년 8월 미국의 연합군에 의해 패전국이 되고 미군정의 통치를 받는다. 이후 재건하던 일본은 한반도에서 벌어진 6 · 25전쟁의 특수를 누리며 1952년 미군정이 철수하며 부활한다.

일본은 미국이 태평양 전쟁후 1945년 9월 2일 아침 미국, 연합국, 일본 관리들이 미주리 함상에서 맥아더 장군이 일본의 항복문서를 서명하는 공식 행사를 주재했다. 새로이 임명된 외교부 장관 시게미쓰 마모루가 일본 정부를 대표해 서명한 이후 항복을 강하게 반대하던 우메즈 요시지로 장군이 앞으로 걸어 나와 일본제국 대본영을 대표해 사인하였다. 그 다음으로 맥아더가 나타나 국제연맹을 대표해 항복문서에 서명했다. 1945년 8월15일 정오, 일본 히로히토 천황의 떨리는 목소리가 라디오를 통해 일본 전역에 울려 퍼졌다. 패전과 항복의 조곡(弔哭)이었다.

☞ "짐은 세계의 대세와 제국의 현 상황을 감안하여 비상조치로서 시국을 수습하고자 충량한 너희 신민에게 고한다. 짐은 제국정부로 하여금 미, 영, 중, 소 4개국에 그 공동선언을 수락한다는 뜻을 통고하도록 하였다. 대저, 제국 신민의 강녕을 도모하고 만방공영의 즐거움을 함께 나누고자 함은 황조황종(皇祖皇宗, 열성조)의 유범으로서 짐은 이를 삼가 제쳐두지 않았다. 일찍이 미영 2개국에 선전포고를 한 것도 실로 제국의 자존과 동아의 안정을 간절히 바라는 데서 나온 것이며, 타국의 주권을 배격하고 영토를 침략하는 행위는 본디 짐의 뜻이 아니다. 그런데 교전한 지 이미 4년이 지나 짐의 육해군 장병의 용전(勇戰, 분투), 짐의 백관유사(百官有司)의 여정(勵精, 노력), 짐의 일억 중서(衆庶, 국민)의 봉공(奉公, 국가를 받듦) 등 각각 최선을 다했음에도, 전국(戰局)이 호전된 것만은 아니었으며 세계의 대세 역시 우리에게 유리하지 않다. 뿐만 아니라 적은 새로이 잔학한 폭탄을 사용하여 무고한 백성들을 거듭 살상하였으며 그 참해(慘害, 참상)가 미치는 바는 참으로 헤아릴 수 없는 지경에 이르렀다. 더욱이 교전을 계속한다면 결국 우리 민족의 멸망을 초래할뿐더러, 나아가서는 인류의 문명도 파각할 것이다. 이렇게 되면 짐은 무엇으로 억조의 어린

백성을 보전하고 황조황종의 신령에게 사죄할 수 있겠는가? 짐이 제국정부로 하여금 공동선언에 응하도록 한 것도 이런 이유다. 짐은 제국과 함께 시종 동아시아의 해방에 협력한 여러 맹방에 유감의 뜻을 표하지 않을 수 없다. 제국신민으로서 전진(戰陣)에서 죽고 직역(職域, 직무)에 순직했으며 비명(非命)에 스러진 자 및 그 유족을 생각하면 오장육부가 찢어진다. 또한 전상(戰傷)을 입고 재화(災禍)를 입어 가업을 잃은 자들의 후생(厚生, 생계)에 이르러서는 짐의 우려하는 바 크다. 생각건대 금후 제국이 받아야 할 고난은 물론 심상치 않고, 너희 신민의 충정도 짐은 잘 알고 있다. 그러나 짐은 시운이 흘러가는바 참기 어려움을 참고 견디기 어려움을 견뎌, 이로써 만세(萬世)를 위해 태평한 세상을 열고자 한다. 이로써 짐은 국체(國體)를 수호할 수 있을 것이며, 너희 신민의 적성(赤誠, 정성과 노력)을 믿고 의지하며 항상 너희 신민과 함께 할 것이다. 만약 격한 감정을 이기지 못하여 함부로 사단을 일으키거나 혹은 동포들끼리 서로 배척하여 시국을 어지럽게 함으로써 대도(大道)를 그르치고 세계에서 신의를 잃는다면 이는 짐이 가장 경계하는 일이다. 아무쪼록 거국일가(擧國一家) 자손이 서로 전하여 굳건히 신주(神州, 일본)의 불멸을 믿고, 책임은 무겁고 길은 멀다는 것을 생각하여 장래의 건설에 총력을 기울여 도의(道義)를 두텁게 하고 지조를 굳게 하여 맹세코 국체의 정화(精華)를 발양하고 세계의 진운(進運)에 뒤지지 않도록 하라. 너희 신민은 이러한 짐의 뜻을 명심하여 지키도록 하라."

그러나 히로히토는 패전이라는 말은 한 번도 사용하지 않았다. 물론 항복이라는 말도 사용하지 않았다. 잔혹한 원자폭탄이 이 전쟁의 종결 이유라고 했다. 나에게는 책임도 반성도 없고 남에게 모든 책임을 돌린 승복이었다.

일본의 국가(國歌)는 기미가요(君が代)라고 불리는 데, 그 가사는 "천황의 통치시대는 천년, 만년 이어지리라, 작은 돌이 큰 바위가 되고, 그 바위에 이끼가 낄 때까지"라는 일본 천황의 시대가 영원하기를 염원하는 내용이 담긴 아주 간단한 내용이다. 참으로 우리 입장서는 듣기에도 섬뜩하고 무섭다.

지금 아베 신조(安倍晋三)는 일본 정부의 대표적 우익으로 "일본이 아니면 동남아 국가들은 독립할 수 없었다. 정말 나쁜 국가는 아시아를 침략하고 권력을 떨치고 있었던 영국, 프랑스, 스페인 등 서구 열강이었다. 일본은 동아시아 전쟁에 졌지만 아시아 민족(인도, 중국, 싱가포르, 말레이시아, 인도네시아, 베트남 등)은 백인들로부터 모두 독립할 수 있었다고 생각한다. 이런 점에서 일본 만큼 오해를 받고 있는 나라는 없다."는 의식을 가지고 있다. 특히 위안부 문제 등도 전혀 인정하지 않고 있다.

일본은 화산섬으로 이루어진 국가다. 1995년 1월 17일 일본 효고 현(兵庫縣)의 고베 시와 한신 지역에서 발생한 대지진(규모 7.3)으로 6300여 명이 사망하고 1400억 달러의 피해를 냈다. 2011년 3월 11일 동일본 대지진(규모 9.0)의 강진 발생 이후 초대형 쓰나미가 센다이시 등 해변 도시들을 덮쳤고, 도쿄(東京)를 비롯한 수도권 일대까지 건물 붕괴와 대형화재가 잇따르며 피해가 속출했다. 2만 명이 사망하고 피난 주민이 33만 명이나 되었다. 특히 지상으로 밀려든 대규모 쓰나미로 인해 전원 공급이 중단되면서 후쿠시마 현에 위치한 원전의 가동이 중지되면서 방사능 누출 사고가 발생했다.

일본의 침략성은 자국의 화산섬으로 이루어진 불안감으로 조선이나 중국 등 내륙지역으로 끊임없는 침략근성이 내재되어 있다. 현재까지도 유지하고 있는 천황제 역시 그 바닥에는 그들의 정신이 그대로 반영되어 있다.

일본의 헌법을 살펴보자. 제2차 세계대전에서 패한 후 연합국 최고사령부(GHQ, General Headquarters 또는 SCAP, Supreme Commander of the Allied Powers)의 통치를 받던 일본 정부는 기존의 '대일본제국헌법'을 개정할 것을 연합국 최고사령부로부터 요구받고 이른바 '마쓰모토(松本) 안'을 제안하였다. 그러나 제국헌법과 내용상 차이가 없어 연합국 최고사령부에서 1946년 2월에 이른바 '맥아더(MacArthur) 안'을 제시하였다. 일본 정부는 이를 기초로 다시 작성하여 1946년 11월 3일에 '일본국헌법(日本國憲法)'을 공포하였다. 이 헌법은 1947년 5월 3일 시행 이후로 한 번도 개정한 적이 없다. '일본국헌법'은 국민주권을 원칙으로 천황, 국회, 내각, 사법, 재정, 지방자치 보장 등 국가조직과 기본적 질서를 규정한 전문(前文)과 11장 103개조로 구성되어 있으며, '전쟁 포기, 전력(戰力) 불 보유, 교전권(交戰權) 부인'을 제9조에 명시하고 있어 '평화헌법'이라는 별칭을 가지고 있다. 즉 제9조 제1항에 "국권의 발동으로서의 전쟁과 무력에 의한 위협 또는 무력의 행사는 국제분쟁을 해결하는 수단으로서는 영구히 포기한다."라고 명기하였으며, 제2항에는 "전항(前項)의 목적을 달성하기 위해 육 · 해 · 공군 그 밖의 전력(戰力)은 불 보유, 국가의 교전권(交戰權)은 불인정한다."라고 명기하고 있다. 그렇기 때문에 엄밀한 의미에서 자위대는 군대가 아니어야 하지만, 일본 정부는 이 평화헌법의 정신과는 배치되는 형태로 1950년대 이후 계속해서 자위대의 전력을 확충하였다. 1990년대부터는 자위대의 해외파병과 집단자위권 행사 등의 명목으로 헌법을 바꾸면서까지 명실상부한 일본의 군대로 발전시켜 나가기 위한 방안을 검토하였다. 최근 아베의 일본정부는 자위대가 북한의 핵공격 등 갖은 명분아래 전쟁을 수행할 수 있도록 명분을 내세우며 법을 바꾸려 하고 있다. 우리는 이런 일본의 사실과 의도를 잊어서는 안 된다.

16. 중국인의 본질을 알자

중국 국무원은 중국 역사를 고대, 근대, 현대로 구분하고 있다. 고대는 하–상–주–진–한–위 · 진 · 남 · 북 · 조–수–당–송–원–명–청 아편전쟁(1840) 이전까지이며, 근대는 아편전쟁부터 5 · 4 운동(1919) 이전까지의 구민주주의 혁명시기와 5 · 4운동 이후부터 중화인민공화국 수립(1949) 이전까지의 신민주주의 혁명시기로, 현대는 중화인민공화국 수립 이후부터 현재까지를 말한다.

중국은 오제시대(五帝時代: 黃帝, 傳昱, 帝嚳, 堯, 舜)시절에 황제의 자손으로 여기고 요(堯)임금 시절 천하 태평성대라 불린 것은 황허(黃河) 유역에 농사를 짓고 살았다. 그러나 황허의 잦은 범람으로 순(舜)임금 시절 우(禹)로 하여금 치수사업(治水事業)을 하도록 하자 용왕이 여의천봉(如意天捧)을 주어 황허의 범람을 막고 국가의 형태를 갖춘 우(禹)가 하(夏)나라를 세웠다. 그러나 하나라의 마지막 걸(杰)왕의 주지육림(酒池肉林)과 말희(末喜)에 빠져 폭정을 하자 탕왕(湯王)이 이를 척결하고 상(商)나라를 세웠다. 상나라는 구판별갑(龜板鼈甲)을 통해 갑골문을 만들었다. 상나라의 마지막 왕인 주(紂)는 성품이 포악한 인물로 호화롭고 사치스러운 생활에 빠져 있었다. 이에 발(發, 이후 주나라 무왕(武王)이 됨)이 제후국들과 연합하여 목야(牧野)에서 전투를 벌여 이기고 주(周)나라는 황제가 아닌 천자(天子)를 세웠다. 무왕이 죽은 후 어린 성왕이 계승하자 반란을 일으켜 주공이 평정하였다. 주공의 치적 가운데 가장 중요한 것은 의례를 제정한 것과 음악을 만든 것이다. 공자(孔子)가 추종했던 주나라의 예(禮)는 등급사회의 인간관계를 규정하는 하나의 새로운 윤리규범 체계로, 귀천(貴賤), 존비(尊卑), 장유(長幼), 친소(親疏) 등의 차별을 통해 사회등급의 집단적인 행위규범을 정한 것이다. 어린 평왕(平王)이 즉위하자 서주(西周)와 동주(東周)로 분리되어 제자백가(諸子百家)로 불리는 춘추오패(春秋五覇)시대가 도래한다.

☞ **오월동주(吳越同舟).** 오나라왕 합려(闔閭)는 대륙의 중앙으로 진출하기 전에 일단 월나라부터 쳐야겠다고 생각을 하고 월나라를 공격했다. 그러나 대패를 하게 되고 결국 합려는 아들 부차(夫差)에게 복수를 다짐 받고는 죽게 된다. 아버지 죽음의 원수를 갚기 위해 부차는 장작나무 위에서 잠을 자고, 문 앞에 사람들을 세워 놓고 그가 그 문을 통과할 때 마다 '아버지의 죽음을 잊지 말라!'고 소리치게 했다. 결국 이러한 노력 끝에 부차는 월나라와의 2차전에서 승리를 거두게 된다. 이 싸움에서 부차는 패배한 월나라 왕 구천(勾踐)을 20년 동안 하인으로 부리는 등 인간 이하의 대우를 했고 오자서(伍子胥)가 죽이기를 간청하나 간신 백기의 말을 듣고 구천를 풀어주자 겨우 목숨을 부지할 수 있었다. 구차는 고향으로 돌아와 부차 같은 애송이에게 진 게

너무 분해서 와신상담(臥薪嘗膽, 땔감에서 자면서 밥을 먹을 때마다 곰의 쓸개를 빨다)하며 복수의 칼을 갈았다. 그러던 중 오나라가 흉년이 들자 부차에게 최고급 쌀을 보내 충성하는 것처럼 안심시켰다. 그러나 보내준 쌀은 살짝 찐 상태이므로 싹이 트이지 않아 더 흉년이 들었고, 서시(西施, 중국의 4대 미녀)를 보내 빠지게 만들어 결국 오나라 부차와 월나라 구천의 3차전은 구천의 승리로 끝나게 되고 부차는 분한마음에 자결을 하였다.

전국시대는 진(秦) · 조(赵) · 위(魏) · 한(韩) · 제(齐) · 연(燕) · 초(楚) 등 전국칠웅(战国七雄)시대였다. 이중 진나라는 합종연횡의 결과로 전국 후기에는 진나라의 세력이 더욱 강했다. 특히 '상앙(商鞅)의 변법'(南門立木, 나라가 부강해지려면 농업을 발전시키고 장병들을 장려해야 한다. 나라를 잘 다스리려면 공을 세운 사람에겐 상을 주고 죄를 지은 사람에겐 벌을 주어야 한다. 그래야 조정의 위신이 서고 모든 개혁이 뜻대로 시행될 수 있다.)은 진나라를 부강케 하는 계기가 되었고 전국을 통일할 수 있는 기초를 다졌다. 진나라의 강성으로 나머지 6국이 소멸과 동시에 최초의 통일 국가를 건립하였다. 진나라는 당시 군주의 지위인 왕의 명칭을 전설상의 삼황오제(三皇五帝)에서 '황'과 '제'를 차용해 '황제'(皇帝)라 정하였고, 이로부터 이 명칭은 청대까지 이어지게 되었다. 진시황제(秦始皇帝, 기원전 259~210)는 이사(李斯)에게 명하여 문자를 소전(小篆)으로 통일시켰고, 화폐와 도량형을 통일하여 통일 국가의 발전을 촉진했다. 그는 또 이사의 건의로 법가(法家)를 추존하여, 새로운 법령과 제도에 반대하고 자신의 의견을 내는 460여 명을 함양성(咸陽省) 밖의 구덩이에 파묻어버리고 유가 경전인 시(詩), 서(書) 등을 소각시킨 '분서갱유'(焚書坑儒)를 단행하고, 서불(徐市)에게 불로초(不老草)를 구하게 하였다. 아울러 대규모의 토목사업과 정벌 등으로 농민들은 가혹한 부역과 무거운 세금을 지출해야만 했다. 이러한 모순 속에서 진승(陳勝)과 오광(吳廣)이 주동한 농민 봉기가 발생하였고 진시황제는 죽고 아들 호해(胡亥)가 황위를 물려받아 포악 정치를 하자 14년 만에 무너졌다. 반진(反秦) 운동에 중심 역할을 한 인물이 바로 한(漢)나라 유방(劉邦, 기원전 256~195)과 초(楚)나라 항우(項羽, 기원전 232~202)였다. 유방과 항우는 먼저 홍구(鴻溝)를 경계로 하여 서쪽은 한(漢)이 동쪽은 초(楚)가 차지하기로 약속하였으나 초한대전(楚漢大戰)에서 유방은 항우와의 싸움에서 승리하여 중국을 재통일하고 장안(長安)을 수도로 삼은 한나라를 건설했다.

☞ **사면초가(四面楚歌).** 유방에게는 모사 장량과 한신장군이 해하(垓下, 안휘성 영벽현 동남쪽)에서 포위했다. 항우가 배수진(背水陣)을 치자 한신은 해하 주변에서 십면매복(十面埋伏) 전술을 행했다. 사면에서 초나라의 구슬픈 노래를 부르자 군사들의 사기가 떨어졌다. 항우의 진중에는 우미인(虞美人)이라 불리는 애인 우희(虞姬)와 추라는 준마가 있었다. 항우는 우희가 애처로워 견딜 수 없었다. 그래서 비분강개(悲憤慷慨)하여 시를 읊었다. "힘은 산을 뽑고 의기는 세상을 덮었건만 시운이 불리하고 추는 나아가지 않는구나! 추가 가지 않으니 어찌하면 좋을까! 우여, 우여, 그대를 어찌하면 좋을까?"(力拔山兮氣蓋世 時不利兮騅不逝 騅不逝兮可奈何 虞兮虞兮奈若何)라고

탄식하자, 우희도 이별의 슬픔에 목이 메어 화답했다. 역발산을 자처하는 천하장사 항우의 뺨에는 어느덧 몇 줄기의 눈물이 흘렀다. 좌우에 배석한 장수들이 오열(嗚咽)하는 가운데 우희는 마침내 항우의 보검을 뽑아 젖가슴에 꽂고 자결하고 말았다. 이는 항복한 초나라 군사들에게 고향 노래를 부르게 한 한나라 장수 장량(張良)의 교묘한 심리 작전이었다. 이로 인해 항우는 오강(烏江)에서 자결한다.

한나라는 종이 발명 등 문화적인 전성기를 누리나, 후한시대로 오자 전염병이 돌고 환관인 십상시(十常侍)들이 태평도인(太平道人) 장각(張角)과 내통하여 정권을 찬탈하자, 이를 배격하기 위하여 농민반란인 '황건적'(黃巾賊)이 나타나자 후한시대가 시작되었다. 화북 지역을 점거했던 위(魏)나라 조조(曹操, 155~220), 쓰촨(四川) 지역에서는 촉(蜀)나라 유비(劉備, 161~223), 강남 지역에서는 손권(孫權, 182~252)이 오(吳)나라를 세웠는데, 이것이 삼국시대이다. 조조는 후한의 마지막 왕인 헌제(獻帝)를 앞세워 정통성을 주장하며 천하를 호령하였다. 그 후 그는 천하통일의 대업을 이루고자 손권과 유비의 연합군과 적벽(赤壁)에서 결전을 벌였는데, 이것이 '적벽대전'(赤壁大戰)이다. 이 대전에서 패한 조조는 더 이상 강남 지역에 대한 병합을 단념하게 되었고, 이로부터 천하는 삼분으로 정립되었다. 이러한 상황에서 호족세력을 기반으로 권력을 장악한 사마의(司馬懿)는 유비와 제갈량(諸葛亮, 181~234)이 죽고 난 후 왕실이 약화된 촉나라를 병합하였고, 아울러 오나라도 병합하였다.

위진남북조 시대를 거쳐 오호십육국의 난이 일어나고 수(脩)나라의 양견(楊堅) 문제(文帝, 541~604)는 통일을 하고 수(脩)나라를 세웠다.

2대 양제(煬帝)에는 100만 거병을 일으켜 고구려를 정벌코자 하였으나, 고구려 을지문덕장군에게 대패하고 망했다. 이에 혼란한 민심을 수습코자 이연과 이세민이 거병하여 양제가 살해되고, 수나라는 불과 38년 만에 멸망하였다. 이연은 당(唐)나라를 세웠다. 2대 당태종 이세민은 아버지 이연을 죽이고 황제에 올랐다. 현종(玄宗) 때 며느리 양옥환을 귀비로 삼고 양귀비의 친척인 양국충이 재상이 되자 이에 반발하여 안녹산(安祿山)의 난이 일어났다. 당이 멸망하자 오대십국이 생기고 후주(後周)의 절도사 조광윤이 송(宋)나라를 세우고 문치주의 시대를 연다. 그러나 북쪽에 금(金)나라와 전쟁을 치루면서 악비(岳飛)장군이 간신 진회(秦檜)가 왕위찬탈을 노린다고 간언하여 억울하게 죽는다. 이 시기에 칭기즈칸(1162~1227)으로 잘 알려진 테무친(鐵木眞)은 케레이트 부족과 동맹을 맺고 몽골 부족의 지도권을 장악한 후 여러 부족을 차례로 병합하였다. 마지막으로 나이만족을 제압하여 몽골고원을 통일한 후 1206년 칸(汗)으로 즉위하니 이로써 대 몽골제국이 성립되었다.

중국의 역사 중에 한족이 아닌 외족의 침공으로 형성된 왕조가 있다. 몽골 유목민 출신의 쿠빌라이 칸이 세운 원나라(元, 1208~1368)는 중국의 한족 문화와 동화되지 못하고 원말에 이르자 민족차별을 심하게 받은 강남지방을 중심으로 농민반란이 일어났다. 이러한 농민반란의 정신적 지주는 백련교(白蓮教)였는데, 이들은 홍건(紅巾)을 머리에 둘렀다고 해서 홍건 군이라는 이름이 붙여졌다. 한족의 명교(明教) 교주인 주원장(朱元璋)이 반원(反元)을 목표로 물리치고 명나라(明, 1368~1644)를 세웠다. 그러나 명나라 역시 과중한 노역 등 농민군 반란으로 시달리고 만주족(거란, 말갈, 여진족)인 북방 금(金)나라 누루하치가 청나라(靑, 1644~

1911)가 설립하였다. 변발정책 등 강압 정치를 하자 한족들은 반청복명(反淸復明)운동을 하였다. 이 기간 동안 한족과 만주족 문화가 섞이게 되었다. 그 결과 강희제(康熙帝, 1654~1722)가 만든 만한전석(滿漢全席, 최고의 귀빈에게 3일 동안 제공되는 중국 최고의 황실요리)문화가 생기기도 하였다. 청나라 때 유럽 항해술의 발달로 스페인, 포르투갈 등 서양의 문물이 들어오면서 서양 열강의 침공으로 베이징이 함락되고 마지막 황제 부의(溥儀)를 끝으로 왕조시대가 끝났다.

아편 무역으로 경제적 이익을 보고 있던 영국은 1840년 아편전쟁(鴉片戰爭)을 일으켰다. 1841년 영국군의 광저우(廣州) 점령으로 광저우 조약을 체결하였고, 1844년에는 미국과 프랑스의 조약체결로 인하여 대청제국은 주권의 일부를 상실하였을 뿐만 아니라 제국주의 열강의 침략에도 속수무책일 수밖에 없었다. 1912년 신해혁명(辛亥革命, 청나라를 무너뜨리고 중화민국(中華民國)을 세운 혁명)으로 孫中山(쑨원, 孫文, 1866~1925)는 삼민주의(민족, 민권, 민생)으로 중국 근대 혁명과 건국의 기본 이념을 만들었다. 초대 총통인 위안스카이(袁世凱)가 부임하였지만 공화정을 하지 않고 전제주의로 돌아가려하자 위안스카이가 죽고 공산혁명이 일어나며 2대 총통인 장제스(蔣介石)가 취임하였으나, 장제스의 부하인 장쉐량(張學良)에 의해 납치를 당하고 장제스와 저우언라이(周恩來)가 국공합작을 통해 일본의 침략에 대응한다. 그 후 1937년 12월13일 중일전쟁 대 국민당 정부의 수도였던 난징에서 일본군에 의해서 30만 명이 잔인하게 학살된 난징대학살(南京大虐殺)이 발생하고 2차 국공합작에서 공산당 마오쩌둥이 장악하고, 1949년 10월 1일 장개석을 대만으로 축출한 다음 중화인민공화국(中华人民共和国)을 건국하여 마오쩌둥, 덩샤오핑, 장쩌민, 후진타오, 시진핑으로 이어가고 있다.

중국은 세계 1위 인구 13억, 경제규모 GDP 세계 2위의 대국이다. 중국인들은 우리나라를 어떤 나라로 생각하고 있을까? 중국인들은 역사를 거치면서 중국이 좋아하는 나라 순위는 1위가 러시아, 2위 북한, 3위 대한민국이라고 한다. 일본과는 상당히 거리를 두고 있다.

17. 시로 응수하는 중국 지도자를 보자

중국은 5천년의 역사를 이룬 대국이다. 그러나 역사에 비해 중국 천하를 통일한 왕조는 그리 많지 않으며 최고 장수를 누린 왕조는 한나라(전한. 후한)로 426년이 제일 길다. 단일 왕조로는 당(唐)나라가 289년, 제일 수명이 짧은 국가는 시황제인 천하통일을 한 진(秦)나라로 겨우 15년이다. 오늘날 1949년부터 중국을 이끌고 있는 지도자들이 외교를 하며 시로서 응수하였는데 살펴보자.

시진핑(習近平) 주석이 2013년 6월 중국을 방문한 대한민국 박근혜 대통령에게 오찬을 베풀면서 '한중관계발전'을 뜻하는 당나라 시인 왕지환(688~742)의 서예작품을 주었는데 이 시는 마오쩌둥이 애송하였고 초등학교 교과서에 실려 전 국민이 애송하는 시라고 한다.

시진핑

등관작루(登鸛雀楼) 관작루에 올라

밝은 해는 산자락을 따라 기울어 가고(白日依山盡)
황하는 바다로 흘러드는데(黃河入海流)
천리 밖까지 바라보고 싶어(欲窮千里目)
다시 한 층 누각을 더 올라가네(更上一層楼)

중국인은 양국관계에 대해서 천리 밖까지 바라보려면 누대한 계단을 한층 한층 더 올라가야지 더 높은 경지와 진취적 삶을 추구하는 정신이 드러나는 순간에 이런 시구를 인용하면서 정신을 다시 가다듬는 기회를 삼는데, 청와대는 향후 양국관계를 한 차원 더 발전시키자는 마음을 담은 것 같다고 풀이하였다.

후진타오(胡錦濤)는 두보를 인용해 미국을 폄하했다. 2006년 4월 20일 중국 4세대 최고 지도자 후진타오 국가주석이 미국에 도착하여 백악관 남쪽 잔디밭에서 환영행사가 열렸다. 중국은 국빈방문 형식을 요청했지만 미국은 한 단계 낮은 공식방문을 선언했다. 중간 선거를 앞둔 부시 행정부가 대중국 강경책을 고수한 것이다. 백악관 사회자는 중국의 국가가 연주될 때 중화인민공화국(People's Republic of China)이라 하지 않고 중화민국(Republic of China)이라고 소개했다.

후진타오

후 주석의 연설 도중에는 백악관 출입 기자였던 파룬궁(法輪功) 신도가 반(反)중국 구호를 외쳤다. 연설을 마친 후 주석이 자리로 돌아갈 때에는 공교롭게 부시 대통령이 그를 안내하며 소매를 잡아끌었다. 의도했다고 하기에는 치사하고 실수로 보기에는 큰 결례가 연거푸 벌어졌다. 미국의 푸대접을 참다못한 후진타오가 당(唐)나라의 시인 두보(杜甫: 712~770)의 작품 '망악(望嶽)'시를 인용해 일침을 가했다. "언젠가 높은 산의 정상에 올라, 지금은 높아 보이는 저 산도 내 발 아래 있음을 확인하겠다."는 구절을 꼭 집어 읊었다. 세계 최강 미국을 반드시 넘어서겠다는 오기와 자존심을 시 한 구절에 담아 밝힌 것이다. 감정을 잘 드러내지 않아 '포커페이스'로 불리는 후진타오다. 그의 2006년 백악관에서의 결기는 집권 10년 안에 일부 성과를 거뒀다는 평가를 받는다.

망악(望嶽)

태산은 어떠한가(岱宗夫如何)
제나라, 노나라에 푸른빛 끝없네(齊魯青未了)
조물주는 신비한 기운을 모았고(造化鐘神秀)
그늘과 양지는 어둠과 밝음을 나눈다(陰陽割昏曉)
부풀은 가슴엔 층층의 구름이 일고(盪胸生層雲)
가늘게 뜬 눈엔 돌아가는 새 들어온다(決眥入歸鳥)
반드시 정상에 올라(會當凌絕頂)
저 낮은 산들을 둘러보리라(一覽衆山小)

원자바오(溫家寶) 국무총리는 2012년 3월 베이징에서 열린 그의 마지막 기자회견이 열린 인민대회당 3층 금색대청(金色大廳) 벽에 중국을 찬양하는 서예 작품이 걸려 있는 곳에서 지도자의 자세를 보여주었다.

원자바오

중화송(中華頌)

만남도 어렵지만 헤어짐도 어려워(相見時難別亦難)
봄바람 약해지니 꽃들이 시듭니다(東風無力百花殘)
봄누에는 죽어서야 실을 그만 뽑고(春蠶到死絲方盡)
양초는 재가 되어야 눈물이 마릅니다(蠟炬成灰淚始乾)
새벽녘 시름하나니 거울 속 흰머리는 날로 성글어져(曉鏡但愁雲改)
깊은 밤 읊조리다 찬 달빛에 잠이 깹니다(夜吟應覺月光寒)
봉래산 가려 해도 길이 없으니(蓬山此去無多路)
파랑새야 살며시 날 위해 찾아가주렴(靑鳥殷勤爲探看)

당나라 말엽의 시인 이상은(李商隱: 812~858)이 스스로 '무제(無題)'라는 제목을 붙인 시다. 그는 15세 때 옥양산(玉陽山)에 올라 도교에 심취했다. 당시 한 여인을 만나 사랑에 빠진 그가 젊음의 격정을 주체하지 못하고 시에 담았다. 죽어서야 실뽑기를 그치는 누에처럼, 재가 되어서야 눈물을 그치는 촛불처럼 자신의 사랑은 죽어서야 그칠 것이라는 독백은 애틋하고 가엾어 듣는 이의 심금을 울리는 명시로 회자되는 작품이다.

시인 총리로 불리는 원자바오가 2009년 2월 인터넷에서 네티즌과 대화를 나눴다. 어떤 각오로 일하느냐는 질문에 그는 이상은의 시에 나오는 '봄누에와 양초의 심정'으로 일한다고 대답했다. 단 14글자였다. 더 이상의 부연설명이 필요 없었다.

장쩌민

장쩌민((江澤民)은 때와 장소에 맞춰 한시 읊기를 즐겼던 중국 3세대 최고지도자 로서 2001년 국방대학을 방문해 고급 간부들을 대상으로 연설 도중에 청나라가 영국과 겨룬 아편전쟁 직전 황제의 특명을 받고 현장으로 파견됐던 흠차대신(欽差大臣) 임칙서(林則徐 · 1785~1850)가 지은 군복무를 떠나며 가족에게 부침이라는 부수등정구점시가인(赴戍登程口占示家人)이란 이 애국시를 인용했다. 그뿐 아니라 칭화(淸華)대, 샤먼(廈門)대를 찾아 젊은 대학생들을 만날 때마다 줄곧 "진실로 나라에 이롭다면 목숨 바쳐 다할 뿐"이라는 이 시의 한 구절을 인용했다. 젊은이들에게 나라 사랑을 호소하는 데 애국 영웅의 대명사인 임칙서의 작품이 가장 효과적이기 때문이었다.

부수등정구점시가인(赴戍登程口占示家人) 군복무를 떠나며 가족에게 부침

미약한 힘으로 중임을 맡아 오래도록 정신이 피로하니(力微任重久神疲)
더 고갈되어 쇠약해지면 지탱하지 못하리나(再竭衰庸定不支)

진실로 나라에 이롭다면 목숨 바쳐 다할 뿐(苟利國家生死以)
어찌 화복 때문에 따르거나 피하겠는가(豈因禍福避趨之)
임금의 후덕한 은혜로 귀양 떠나는 몸(謫居正是君恩厚)
변방의 수졸이 되어 내 본분을 지키리(養拙剛於戍卒宜)
장난삼아 아내에게 옛날이야기 들려주며(戱與山妻談故事)
늙은 머리 잘린 노래나 읊어줄까(試吟斷送老頭皮)

광저우(廣州)에 도착한 임칙서는 아편 1200여 톤을 압수한 뒤 20여 일에 걸쳐 전량 소각하는 초강경 조치를 취했다. 이에 영국은 전쟁을 도발했고 위세에 눌린 청 조정은 협상파 기선(琦善)을 파견하고 임칙서를 변방으로 인사 이동시켰다. 지금의 신장(新疆)으로 가는 사실상의 귀양길에서 그가 읊조린 것으로 전해진다. 애국시의 대명사다.

마오쩌둥(毛澤東)은 대장정을 마치고 옌안(延安)에 근거지를 마련한 그가 1936년 창작한 '심원춘설(沁園春雪)'이란 시로 혁명가이자 문학가였던 마오의 속내를 드러낸 대표작이다.

마오쩌둥

심원춘설(沁園春雪)

북국의 풍광을 보라, 천리에 얼음 덮이고,
만 리에 날리는 눈발 (北國風光, 千里冰封, 萬里雪飄)
만리장성 안팎엔, 오직 망망한 설원뿐, 얼어붙은 황하는 출렁임을 멈추었다
(望長城內外, 惟餘莽莽 大河上下, 頓失滔滔)

산맥은 춤추는 은빛의 뱀, 들판은 달음질치는 하얀 코끼리, 하늘과 높이를 겨루고 있다 (山舞銀蛇, 原馳蠟象, 欲與天公試比高)

눈 그쳐 날 개이면, 붉은 단장 고운 자태는, 더없이 어여쁘리 (須晴日, 看紅裝素裹, 分外妖嬈)

강산이 이처럼 교태를 부렸기에, 수많은 영웅들이 다투듯 요절했구나 (江山如此多嬌, 引無數英雄競折腰)

애석해라 진시황과 한무제는 글재주가 부족하고, 당태종과 송태조는 시인이 아니었네 (惜秦皇漢武, 略輸文采, 唐宗宋祖, 稍遜風騷)

천하를 호령한 칭기즈칸도 독수리를 향해 활 쏠 줄만 알았네 (一代天驕, 成吉思汗, 只識彎弓射大鵰)

아! 모든 것은 지나간 일, 천하의 풍류인물을 찾으려면, 지금의 세월을 보아야 하리 (俱往矣, 數風流人物, 還看今朝)

'심원춘설'은 과거 항우(項羽)와 유방(劉邦)의 홍문연(鴻門宴)에 비견되는 마오쩌둥과 장제스(蔣介石)의 1945년 충칭(重慶)회담 중에 세상에 공개됐다. 언론을 통해 이를 접한 장제스는 "마오가 황제가 되려는 야심을 드러냈다"며 불같이 화를 냈다. 이 작품을 비난하는 기사가 연일 국민당 기관지에 실렸다. 마오 진영에서도 반격에 나섰다. 궈모뤄(郭沫若)는 "기세와 법도가 어우러진 격조 높은 작품"이라고 극찬했다. 수세에 밀린 국민당은 문학에 소질이 있는 당원은 물론 외부 문인들을 총동원해 '심원춘' 제목으로 사(詞)를 짓도록 독려했다. 마오보다 뛰어난 작품을 짓기 위한 고육책이자, 총칼을 동원한 전쟁보다 더 격렬한 전투였다. 하지만 마오를 뛰어넘는 명작은 나오지 못했다. 국공내전은 어찌 보면 1945년

‘심원춘 전투’에서 결판이 났던 셈이다. 이 작품은 2011년 중국에서 국민 TV드라마로 불리며 큰 인기를 끈 ‘보보경심(步步驚心)’에도 이 구절이 나온다. 우연히 청(淸)나라 시대로 시간으로 이동한 현대 여성이 강희제(康熙帝)를 처음 대면한 장면에서다. 현대 중국인이라면 누구나 아는 작품이지만 강희제는 처음 듣는 문장이었다. 강희제를 진시황과 한무제는 물론 칭기즈칸보다 뛰어난 명군의 반열에 올려놓은 것이다.

제 3 장

사랑하기

3장
사랑하기

1. 사랑은 무엇일까

사랑이란 '어떤 사람이나 존재를 몹시 아끼고 귀중히 여기는 마음. 또는 그런 일'이라고 사전에 표현되어 있다. 남자와 여자가 만나서 첫 눈에 반하면 얼마나 좋을까? 그들에겐 세상의 속물인 돈이나 지위 등 어떠한 조건도 끼어들지 않는 서로 좋아서 하는 만남이다. 이런 사랑을 어떻게 할 수 있을까? 그건 아주 자연스런 만남이다. 불교에 '참선(參禪)'이란 말이 있다. 사람은 본디 아주 청아한 거울과 같은 존재인데 태어나서 살아가며 자신을 돌아보고 정화하지 않아서 자꾸 안개처럼 무엇인가가 낀 것을 베끼고 거울처럼 투명하게 보려고 수많은 시간을 자신에게 '나는 누구인가?' '나는 어디서 왔는가?'라는 화두를 던지며 묵언 수행하는 것을 말한다. 이와 같이 자연스럽고 투명한 것이 진정한 사랑으로 가는 첫 걸음이다.

남녀가 만나면 많은 사람들이 하나씩 알아가는 과정에 자신의 습관으로 고착된 나쁜 점들이 나타나게 되고 서로를 이해해주지 못하여 급기야 싸움을 하게 되고 화해하지 않으면 시간이 지나면서 서로에게 안 좋은 감정만 쌓이게 된다. 남자는 여자를 알아야 하고, 여자는 남자를 알아야 한다. 학교에서 가정에서 배우는 남자와 여자의 차이점은 겉으로만 보이는 것만을 알게 된다. 남녀가 같이 손잡고 쇼핑을 하러 가면 조금만 지나면 남자는 성격이 나오고 급기야 말다툼으로 이어져 집에 와서도 서로 불편한 관계를 갖는 편이 많다는 사실을 결혼 전에 남자에게 여자의 이러한 생각을 가르쳐 주는 사람이나 교육을 받아보지 못한 것이 현실이다. 그러면 어떻게 해야 할까? 사랑을 하기 위해서는 서로의 많은 부분을 이해해야 한다. 앞서 예를 든 쇼핑을 생각해본다면 가기 전에 구체적으로 어떤 브랜드의 어떤 상품을 살 것인지 사전에 결정을 하고 가야한다.

아내와 평생을 살면서 내가 아내에게 책잡힐 일을 당해서 무조건 아내에게 항복하고 사는 남편이 있다면 그 집은 행복할 것이다. 그러면 적어도 서로 간에 싸움은 없을 것이고 중간은 가는 것이기에 더 더욱 그렇다. 이 글을 읽는 부부는 적어도 많은 공감을 가질 것이라고 생각한다. 사랑하는 여자를 쟁취하기 위하여 그녀가 원하는 아니 원할 것이라고 생각하는 모든 행동을 남자가 서슴없이 하는 것이 사랑이다. 로버트 그린이 지은 『유혹의 기술』에 보면 여자의 사랑을 쟁취하기 위한 다양한 수법의 기술이 시대별로 남녀 간의 대상에 따라 쓰여 있다. 한 사람을 얻는다는 것은 모든 것을 얻는 것이다. 이로 인해 자신의 삶의 방향이 바뀌는 것이다.

결국 사랑이란 아무 조건 없는 끝없는 서로의 이해와 배려이다. 이것이야말로 서로가 가정을 지키는 기본 예의이다. 사랑이란 두 사람 사이에 만병통치약인 것이다. 사랑을 하면 천일을 같이 있어도 즐겁고 그 사람밖에 보이질 않는다. 사랑이 식어 간다는 것은 그 사람의 매력이 사라지는 것이다.

2. 사랑 이전에 전제되어야 할 것은 무엇일까

사랑은 상대방에 대한 무조건적인 배려다. 남녀가 처음에 만나면 서로의 장점을 보여주려고 노력한다. 약속 며칠 전부터 마음이 설레고 만남 당일은 가장 아름답고 멋지게 자신을 가꾸고 만나러 나간다. 아마 그때가 가장 행복한 순간이 아닐까? 서로가 정말 멋진 상대를 만나면 조심스럽게 상대방의 의사를 타진하고 무슨 말을 하든지 공감대를 이끌어내려고 노력한다. 아이러니하게도 서로 맞아도 맞고 틀려도 맞는다고 한다. 어느 방송사가 몰래 카메라를 설치하여 남녀 간의 태도와 생각을 실험하였더니 착한 하얀 거짓말로 상대방에 대한 맹목적인 배려로 상대방에게 주목을 끌려는 사례를 방영하면서 많은 웃음을 주었다.

이렇게 소중한 사랑을 하고 결혼을 한다. 결혼 후에도 알콩달콩 서로의 사랑을 이어가는 부부가 많지만 많은 부부들이 서로 맞지 않은 부분으로 언제 보았는지도 모르는 사람들처럼 다투기도 하고 급기야 성격 차이로 서로의 인연을 마무리하는 사례를 안타깝지만 주변에서 볼 수 있다. 자라오면서 평생을 다른 환경에서 자라온 두 사람이 불꽃처럼 튀는 사랑으로 이어졌지만 다른 것은 아마도 전부가 다르다고 해도 과언이 아닐 것이다. 결국 결혼이란 틀린 것을 맞는다고 한다면 해결될 수 있는 아주 간단한 진리를 모르고 살아간다면 불행하겠지만 이를 인정하고 배려한다면 서로를 위한 행복한 가정을 만들 수 있다. 상대방에게 상처를 주는 말보다는 직장생활이든 세상을 살아가는 모든 공동체에서 까지도 상대방에 대한 다른 생각을 이해해 줄려고 노력하는 자세야말로 세상을 살아가는 현명한 자세가 아닐까?

3. 결혼이란 무엇일까

결혼은 남녀 간의 당사자가 하는 일생의 가장 중요한 결정이다. 그러나 현실은 결혼은 남녀 간의 결혼이기 전에 집안 간의 혼사이다. 결혼을 준비하느라 정신없이 지내다보면 내가 사랑하는 사람과 같이 살기 위하여 준비하는 과정에서 혼수문제 등으로 헤어지는 일도 가끔 일어난다. 이것이 과연 사랑에 근거한 결혼일까? 결혼은 사랑에 근거하여 일어나는 것이다. 사랑이 있다면 이러한 일은 결코 일어나지 않는다.

사람은 태어나서 결혼을 하고 아이를 낳아 정성을 다해 키우며 아이로 인해 한없는 기쁨을 받고 아이가 커서 부부가 이루지 못했던 꿈도 실현시켜 주는 마술 상자이다. 가끔은 부부간 서먹해질 수 있는 사이가 아이로 인해 끊을 수 없는 연결고리가 되어 사는 것이다. 또 그 아이가 커서 아이를 낳으면 부부는 자신의 아이를 키웠을 때 어려움과 기쁨을 뒤로한 채 몇 십 년 만에 보는 자신의 핏줄인 손자를 보며 금지옥엽으로 더 소중하게 귀여워하고 예뻐한다.

결혼을 해서 아이를 키워보지 못하는 것은 인생의 기쁨 중에서 가장 기쁜 일을 느껴보지 못한 참으로 안타까운 것임엔 말할 나위가 없다.

4. 결혼은 언제 해야 할까

결혼이 필수가 아닌 선택이라는 세상이 되었다. 보통 남자는 28세 여자는 25세인 시대가 옛 말이 되어버렸다. 결혼을 하는 나이도 남자는 34세 여자는 31세로 그래서 그런지 결혼을 해도 1명 정도의 아이를 갖는다. 아이를 갖는다면 보통 남아 1명과 여아 1명이 좋을 것이다. 남자아이와 여자아이를 키우는 것은 키워 본 사람만이 안다. 남자와 여자는 확연히 차이가 난다. 그래서 사랑을 주는 방법도 많이 다르다.

그럼 왜 결혼을 적령기에 해야 할까? 가정을 해보자. 보통 적령기에 결혼하면 남자가 결혼하여 첫 아이를 갖는 나이는 30~31세라고 한다면 아이가 성장해서 결혼 적령기까지는 부부의 나이가 58~60세이다. 앞서 은퇴를 준비하는 나이가 40대 후반임을 감안할 때 아이의 양육에 10년이라는 힘든 시기를 겪어야 한다. 그러나 34세의 나이에 결혼한다면 빨라야 65세가 되어야 아이가 독립할 수 있다. 은퇴를 감안한다면 아이를 성인으로 만드는 시간이 고통으로 얼룩질 수 있다. 아이가 많아질수록 부부가 감당하기 힘들어 질 수 있다.

노후를 65세 정도로 본다면 은퇴 후 손자를 돌보지 않는 다해도 부부가 즐길 수 있는 시간은 불과 10년 남짓이다. 건강이 허락되고 힘이 있어야 여행도 가서 즐겁다. 그러나 세상의 의술이 아무리 바뀐 다해도 70세가 되면 노인이라는 누구나 겪어야 할 '늙고 병든다.'는 아주 평범한 진리에서 벗어날 수 없다.

주변에서 보면 일찍 결혼을 한 부부는 자식들도 결혼이 빠르다고 한다. 그들은 대부분 비교적 육아의 고통에서 벗어나 자신들의 삶을 즐기며 살고 있다.

5. 남녀 간 관심의 차이는 무엇인가

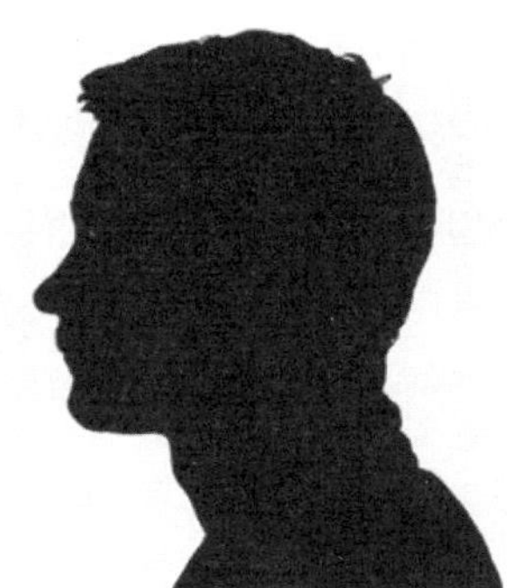

여자의 관심은 평생 동안 '아름다워지는 것이다!'라고 해도 과언이 아니다. 10대 중고교학생시절부터 시작된 화장품, 옷, 구두 등에 대한 예뻐지기 위해서 관심사를 쏟는다. 미혼여성의 경우는 더 한 것 같다. 학교를 졸업하고 결혼하기까지의 기간은 미에 대한 쇼핑으로 보낸다. 지하철에서 인터넷을 검색하는 여성을 보면 거의 옷, 구두, 음식인 한 편, 그 나이

때의 남자들은 게임, 야구, 축구 등 스포츠 운동 분야에 많은 관심을 갖는 것에 비하면 360도 관심사가 다르다. 딸을 키워 본 아빠라면 이 말이 실감이 날 것이다. 아름다운 처녀시절에 사드리는 구두는 일 년에 철마다 바꿔 신어 30켤레 정도가 되고, 옷은 수십 벌이 된다. 남녀가 연애할 때 같이 사고 싶은 물건을 사러 백화점을 가보면 맘에 드는 물건을 사기 위하여 최소한 3~4시간 쇼핑을 즐긴다. 그렇게 백화점에서 몇 바퀴를 돌고서도 물건을 사지 않고 나오는 경우가 허다하다. 남여가 같이 기분 좋게 들어갔다가 싸우고 나오는 경우가 허다하다. 반면 남자는 길어야 30분이면 쇼핑이 끝난다. 왜 그렇게 다를까? 사고의 차이이다. 우리는 이러한 사고의 차이를 학교에서 교육받지 못했고 누군가 가르쳐 주지도 않았다. 남녀 간의 차이를 알면 이해할 수 있고 생각의 차이를 줄일 수 있다. 쇼핑할 때 동반하지 말고 각자 알아서 가는 것이다.

돈 관리는 누가 하는 것이 좋을까? 내 생각에는 남자보다 여자가 관리하는 것이 답이다. 일단 돈을 여자가 관리하면 불필요한 돈을 쓰지 않고 저축 등 안정적인 자산운영을 한다. 다른 사람들의 꾐에 빠지지도 않는다. 아마 가정 살림을 하는 여자의 본능인 '가정 지키기'일지도 모른다. 반면 남자는 활동적 이여서 친구와 동료들과 술을 즐기고 남들이 권하는 이재수단에 감언이설로 속아 보증을 선다든가 돈을 날리는 경우를 주변에서 많이 보아왔다. 생각의 차이로 인해 말싸움을 둘이 벌이면 남자는 100전 100패이다. 차분하게 상대방을 설득시킬 수 있는 능력 또한 여자가 잘한다.

학교에서 보자. 학년이 올라 갈수록 여학생이 남학생보다 공부를 훨씬 잘한다. 공무원 시험 합격률을 보아도 이미 여초남저 시대가 되었다. 특히 초등학교 교사의 경우는 90%에 이르고 있다. 다 필기시험을 보는 것이다. 공부에는 남자가 지는 것이 확실한 통계다.

시대가 바뀌었다. 이제는 남녀의 차이가 없다. 앞으로는 더 할지도 모른다. 생각의 깊이가 있고 감정을 통제하고 이성을 통제하는 능력이 남자보다는 여자가 좋은 것은 확실하다. 남녀가 만나서 한 가정을 이루고 살 때까지 우리는 서로를 이해하는 교육도 받아야 하고 능력도 서로 인정해야 한다.

6. 남녀 간 최고의 선택은 무엇일까

처음 이성을 만난다는 것은 얼마나 마음이 설렐까? 만남을 위해 준비하는 그 시간과 첫 만남에서 거는 상대방에 대한 기대만으로도 행복하지 않나요. 한결같은 마음이다. 여기 한 주인공이 있다. 그녀는 스스로 학비를 벌어야 하는 가난한 학생이었지만 누구보다도 성실하고 검소했다. 그런 그녀를 오래전부터 마음에 두고 있던 한 남학생이 있었다. 그에게는 부유한 가정에서 자란 무남독녀의 여자 친구가 있었다. 이 남학생은 누구와 결혼할 지를 놓고 고민에 빠졌다. 그러던 어느 날 그는 우연히 가난한 여학생의 집에 가게 되었는데 그녀의 방은 예상대로 좁고 초라했다. 변변한 살림 하나 없이 보잘 것 없는 작은 방이었으나 그녀의 단정한 성품이 말해주듯이 깔끔하게 정돈되어 있었다. 그는 잠시 방을 둘러보다가 창가에 놓인 작은 화병을 보았는데 생수병을 잘라 만든 화병에는 소담스런 들꽃이 한가득 담겨 있었다. 왠지 그녀의 방에서는 일상의 고달픈 흔적보다는 낮에는 공부하고 밤에는 학비를 벌어야 하는 힘든 일과 속에서 삶의 여유와 행복을 찾는 그녀의 아름다운 마음씨를 보았고 그녀에 대한 자신의 감정에 확신을 갖고 고백하기로 결심했다. 그녀처럼 슬기로운 여인이라면 앞으로 닥칠 어떤 시련도 두 사람이 힘을 모아 헤쳐 나갈 수 있다는 강한 믿음이 생겨났기 때문이다.

젊은 여성의 상징은 아름다움이다. 무엇을 입어도 예쁘고 아름답다. 내 것이 아닌 남의 행복을 부러워하느라 정작 자신의 소중한 것들을 놓치고 만다면 얼마나 불행한 일인가? 자신이 소유한 것들에서 최대의 행복을 발견해 낼 수 있는 사람이야 말로 가장 당당한 사람이 아닐까?

7. 나만 바라보고 살 수 있는 사람일까

사람들은 인생의 정점을 모르고 산다. 많은 사람들이 돈을 벌어 성공하거나 회사의 임원이 될 때를 정점으로 생각하며 착각 속에 살고 있다고 생각한다. 인생의 정점은 청춘 남녀가 만나 결혼을 하는 날이다. 서로 사랑의 축복으로 바라보기만 해도 좋은 시절이고 하루 종일같이 있고 싶은 인생의 가장 멋진 날이다. 즉 나만 바라보고 살 수 있는 서로를 만난 것이다.

사람은 누구나 겉과 속이 다르다. 특히 내 속 마음을 남에게 보이는 것은 참으로 어려운 일이다. 가족이외에는 사실 아무도 알지 못한다. 그러나 속마음을 같이 나눌 수 있는 사람을 만날 수 있다면 얼마나 행복한 일인가? 아니 다행스러운 일일까? 가장 사랑스러운 배우자를 만나 서로 올인 할 수 있는 상대라면 무엇이 부러운가? 이런 상대는 서로를 받아주고 배려해주고 상처를 주지 않는다. 비록 내가 손해 보는 일이나 남 앞에서 창피한 일을 당하더라도. 부부는 일촌이다. 아니 무촌이다. 이는 서로 동등한 상대이다. 어느 한 쪽이든 무시당하거나 무시해서는 안 되는 가장 아끼고 사랑해야 하는 존재다. 배우자를 만나는 첫 번째 조건은 단 하나라고 생각한다. 그것은 서로 동등함을 인정해주는 것이다. 여자는 참으로 현명하다. 결혼 조건은 '나를 평생 반려자로 나만 바라보고 살 수 있는 사람인가?'를 생각한다. 물론 상대방의 재산이나 멋진 외모를 보고 결혼을 하는 속물도 많지만 그들은 행복한 가정을 꾸릴 수가 없다. 처음 출발부터 단추가 잘못 채워진 것이다. 서로의 불만은 언젠가 다가오는 시한폭탄처럼 터지고 말 것이다. 왜냐하면 어느 상대방은 갑을 관계가 될 것이 분명하기 때문이다. 속담에 하루를 즐겁게 보내려면 목욕을 하고, 삼일을 즐겁게 보내려면 이발을 하고, 한주를 즐겁게 보내려면 옷을 사고, 석 달은 즐겁게 보내려면 자동차를 사고, 일 년을 즐겁게 보내려면 결혼을 하라고 한다.

내 생각에 평생을 즐겁게 보내려면 '마음에 거슬린 일을 하지 말고 하고 싶은 일을 하며 사는 것'이라고 생각해본다. 한 사람이 온다는 것은 그 사람의 일생이 나에게 온 다는 것이다.

8. 결혼하고 어떻게 사이좋게 지내야 할까

살다보면 부부간에 금슬을 쌓기가 쉽지 않다. 처녀 총각시절에는 서로 애정 표현도 싱그럽고 아이도 없으니 둘 만의 충실한 시간을 보낼 수 있다. 사랑할 수 있는 최적의 조건을 갖춘 셈이다. 결혼을 하면서 우리는 혼인 서약과 성혼선언문을 한다. 혼인서약은 대체로 "신랑 000군과 신부 000양은 어떠한 경우라도 항시 서로 사랑하고 존중하며 어른을 공경하고 진실한 남편과 아내로서의 도리를 다 할 것을 맹세합니까?", "두 사람은 아플 때나 건강할 때나, 기쁠 때나 슬플 때나, 좋을 때나 나쁠 때나, 가난할 때나 부자일 때에도 서로 함께 하며 사랑하겠습니까?"라고 물으면 양 당사자는 '예'로 답하고 이어서 주례는 성혼선언문을 다음과 같이 낭독한다. "이제 신랑 000군과 신부 000양은 그 일가친척과 친지를 모신 자리에서 일생동안 고락을 함께 할 부부가 되기를 굳게 맹세하였습니다. 이에 주례는 이 혼인이 원만하게 이루어진 것을 여러분 앞에 엄숙하게 선언합니다."

우리는 사랑하는 남녀가 둘이 연예하면서 좋은 것만을 많이 보고, 서로의 단점을 모르는 경우가 많다. 결혼을 준비하면서 인연이 닿지 않아 헤어지는 쌍들도 부지기수다. 내가 혼인 서약과 성혼선언문의 전문을 써 본 것은 그 내용이 읽어보면 읽어 볼수록 참으로 결혼 생활의 모든 것이 집약되어 있음을 알 수 있다. 서로 존중하고 남편과 아내로서의 도리를 다한다는 의미가 그리고 그런 의무를 일가친척이 모인 자리에서 원만히 결정되었음을 약속을 하고 선언하는 것이다. 이렇게 좋아 죽어서 한 결혼을 한 부부가 금슬을 어떻게 쌓아야 할까 모르는 부부가 너무나 많다. 결론은 간단하다. 서로의 도리를 다하는 것이 결혼 생활의 기본이다, 그리고 그 것은 부부간의 금슬에 의해 좌우된다.

결혼 후 30년이 지나면 우리는 대부분 60세라는 젊은 노인이라는 말을 듣는 나이에 들어선다. 세월도 무심하듯이 잠깐 사이에 지나간다. 평범하게 산 부부하면 더할 나 위없이 행복하겠지만 온갖 풍상을 다 겪어온 부부에게 금슬이라는 것이 존재할까? 살다 보니 지쳐서 부부를 돌아보지 못한 세월이 결혼 전에 상대방에게 한 여러 가지 약속들이 공수표가 되어 서로 서운한 감정이 아직도 녹아들지 않았을까?

부부간의 일생을 노래한 등려군(鄧麗君)의 '세월의 흐름에 몸을 맡겨'(時の流れに身をまかせ)라는 노래 가사를 살펴보자.

時の流れに身をまかせ 세월의 흐름에 몸을 맡겨

もしもあなたと 逢えずにいたら わたしは何をしてたでしょうか
만약에 당신을 못 만났으면 나는 무엇을 하고 있었을까요

平凡だけど誰かを愛し普通の暮らししてたでしょうか
평범하지만 누군가를 사랑하고 그저 그런 생활을 하고 있었을까요

時の 流れに身をまかせ あなたのに染められ
세월의 흐름에 몸을 맡기고 당신의 빛깔에 물든 채

一度の人生それさえ捨てることもかまわない
단 한 번의 인생조차 버릴 수도 있어요

だからお願いそばに置いてねいまはあなたしか愛せない
그러니 제발 곁에 있게 해줘요 지금은 당신밖에 사랑할 수 없어요

もしもあなたに嫌われたなら明日という日失くしてしまうわ
만약에 당신이 싫어하신다면 내일이라는 날은 없어져 버릴 거예요

約束なんかいらないけれど想い出だけじゃ生きてゆけない
약속 같은 거 필요 없긴 하지만 추억만으로는 살아갈 수 없어요

時の 流れに身をまかせ あなたの胸により添い
세월의 흐름에 몸을 맡기고 당신 가슴에 다가가서

綺麗になれたそれだけでいのちさえもいらないわ
예뻐진 것 그것만이면 돼요 생명마저도 필요 없어요

だからお 願いそばに置いてねいまはあなたしか見えないの

그러니 제발 곁에 있게 해줘요 지금은 당신밖에 보이지 않아요

부부는 서로 존중하고 존경하는 하는 것이다. 이 한 가지만이라도 지켜진다면 어는 부부 부러워하지 않을 것이다. 결혼을 하고 1년에 한 번은 아니더라도 부부 만이 같이 할 수 있는 시간을 많이 만들어 여행을 해본다면 금슬은 그냥 오지 않을까? 평생을 같이 살면서 결혼 후에 부부가 단 한 번도 여행을 같이 해보지 않은 부부가 주변에 너무 많다. 살다보니 그렇다고 한다. 지금 당장이라도 부부만의 여행을 실천해 본다면 금슬이 회복되지 않을까? 앞 뒤 옆도 돌아볼 시간조차 마음이 허락되지 않았던 고생한 당신을 위해서 당신을 위해 주는 상이랄까?

제 4 장

가족바라기

4장
가족바라기

1. 가족이란 이름표는 무엇인가

가족이란 사전적인 의미는 부부를 중심으로 한 친족관계에 있는 사람들의 집단이다. 친족이란 배우자, 혈족, 인척을 통틀어 이르는 말이다. 그런데 가족 관계는 가장 가까울 수도 가장 멀 수도 있다. 참으로 아이러니한 말이다.

부부는 대부분 전혀 모르는 남남이 만나 가정을 이룬다. 이렇기 때문에 살다보면 여러 가지 이유로 인해 다투기도 심지어 갈라서기도 한다. 가족이란 이름표에는 부부가 아이를 낳으면 할머니, 할아버지, 외할아버지, 외할머니, 삼촌, 고모, 이모, 외삼촌, 외숙모, 이종사촌, 고종사촌 등이 자연스럽게 생긴다. 1950년대 내가 태어나 자라던 시절은 식구 수가 많은 가족을 의미하는 대가족제도 아주 일반적이었다. 그러나 내가 아이를 낳고 그들이 가정을 꾸리면서 부부와 미혼의 자녀를 가진 핵가족이 많이 발생하고 있다. 자녀들이 결혼을 안 한 것이다. 정확히 말해서 자녀들이 결혼이 필수가 아니라고 생각하는 것이다. 우리 시대에는 많이 자녀를 낳아야 2명 정도였다. 자녀를 잘 키워 보자고 생각한 것이다. 그러나 지금은 안타깝게도 자녀들이 소공자, 소공녀가 되었다. 그들이 결혼을 안 한다면 가족이란 이름표는 어디로 갈까 걱정이다. 요즈음 자녀들이 결혼을 하여도 아이를 낳지 않고 2017년에 우리나라 신생아는 연간 40만 명을 기록하고 OECD국가의 평균 출산율인 1.5이하를 하회했다. 이대로 30년을 가면 나라가 망한다고 한다. 왜 이렇게 되었을까? 1명의 자녀만을 낳아도 키우기가 쉽지 않고 집을 사기도 힘들어졌다. 형편이 이러하니 부부가 아이에 대한 육아 부담으로 둘만의 인생을 즐기는 것이 만연한 시대가 되어가고 있는 걱정스런 현실에 부딪쳤다.

가족이 무너지고 있는 것이다. 인간의 미래를 책임지는 다음 세대가 없어지는 무서운 현실이 다가오고 있는 것이다. 나만 잘 살면 그만인가? 나로 인해 아무도 없는 시대가 된다면 수천 년을 이어온 우리의 역사가 무슨 의미가 있을 것인가?

2. 아내는 나에게 어떤 존재인가

누구나 즐겁게 살고 싶어 한다. 일하는 즐거움이야 돈 버는 일로 즐거움이라고 할 수는 없을 것이다. 그러나 취미 생활은 다르다. 내가 하고 싶어서 하는 것이니 시간과 돈을 기꺼이 쓴다. 독자들에게 미안한 이야기지만 나는 30대 중반에 해외생활을 하면서 골프를 접하게 되었다. 골프를 칠 때 비싼 골프채를 구입하고 아마 수백 번의 골프장을 가기 위해 그린피, 캐디피, 식비와 차량 기름 값, 통행료, 교통 위반 딱지 등 제반 비용을 따지면 아마 집 한 채는 사고도 남았을 것이다. 나만 그럴까? 많은 골퍼들이 나 같은 똑 같은 전철을 지금 이 순간도 밟고 있을 것이다. 나는 좋아하지만 나의 반쪽인 아내는 땀을 많이 흘리는 체질이라 골프와는 상극이다. 평생을 같이 살아오면서 나는 나만의 취미생활을 위해 아내를 배려하지 못하고 이기적으로 즐겼다. 청춘시절 여러 가지 핑계로 골프를 치러갔다. 주말에 아내는 혼자 생활했다. 내가 골프 운동 후 가져다주는 땀에 젖은 옷을 한 다발씩 맡기고 아내를 방치한 채 나만의 시간을 보냈다. 이런 나에게 아내는 자기하고 같이 놀아주지 않은 남편에 대해 내심 불만이 많지만 나를 위해 희생한 시간들에 대해 스스로를 정신적인 피해자라고 생각한다. 내가 아내가 하고 싶은 일을 스스로 찾아 해보라고 했지만 아내는 원예나 무엇을 하든지 한시라도 떨어지지 않고 자기와 같이 시간을 보내주기를 원한다. 그러나 나는 이것이 쉽지 않다. 참으로 아쉬운 일이다. 지금이라도 아내를 위해 아내가 하고 싶어 하는 것을 같이 하고 싶지만 그렇게 하지 못하는 내 자신이 밉다. 대다수의 남편들의 삶이 아닌가? 친구들이여! 이 세상에서 가장 소중한 것은 아내다. 그리고 그 다음이 자식이고 그 다음이 친구다. 개인적으로 정신적으로든 물질적으로든 터놓고 모든 이야기를 공유할 수 있는 상대가 아내다. 막말로 평균 연령을 보더라도 아내가 남편보다 10년은 더 산다. 이다음에 은퇴를 한 후 같이 할 수 있는 것을 고민해보더라도 그 때는 그동안 살아 온 인생의 색깔에 묻혀 잘 되지 않고 물과 기름처럼 겉도는 인생을 나는 주변에서 많이 보았다. 이 세상 남자들이여! 용기를 내어 "이제 다시 시작이다!"라고 외쳐보자. 아내를 위한 더 큰 행진을 위하여 나팔을 울려야 할 때이다. 지금 결심해도 아내는 행복해 할 것이다.

3. 부부가 어떻게 하면 행복하게 살까

법륜스님의 즉문즉설 몇 가지 사례를 들어보자. 수 천회를 하고 있을 정도이니 참으로 대중의 마음을 사고 있다. 부부는 본디 하나가 아니다. 둘이 합쳐 하나가 된 것이다. 사랑할 때는 하나지만 결혼하여 아이를 키우고 시댁식구들과 살다보면 둘이 된다. 그러면 부부가 어떻게 하면 하나가 될 수 있을까? 법륜스님의 즉문즉설을 살펴보자.

"남편은 누구 거요? 시어머니 것입니까? 아내 것입니까?" 하자 모두 "시어머니 것입니다" 그러나 법륜은 "남자가 20살이 되면 어머니와 정을 끊고 아들을 독립시켜주어야 한다. 그래야 아내 것이 된다고 한다." 둘이 하나가 되는 순간이다.

여직원과 바람을 피우고 가정을 포기하겠다는 남편에 대해 남편은 "양다리를 걸치겠다."고 하자, 아내는 "이혼을 할지 어떻게 해야 할지 모르겠다."는 말에 대해 법륜은 아내에게 "인생의 주인이 내가 되어야 한다." 무엇 때문에 내가 남편으로 인해 고통을 받는 것은 남자의 행위에 대해 나쁘다고 이야기하지 말고 내가 무슨 선택을 해야 할지 내가 결정하는 것이 현명하다.

"시집살이 참고살기 억울하고 힘들어요."라는 아내의 하소연에 남편은 "시어머니 말이 법이다. 시댁을 가면 남편은 유산을 받을 수 있다고 한다." 아내는 "10년 동안 아이들을 키우고 살며 시어머니 때문에 숨이 막힌다."라는 말에 법륜은 "그런 남편과 시어머니하고 왜 사느냐?"하고 하자 아내는 "아이 키우려면 돈이 필요하다."는 말에 법륜은 "먹고 살 길이 있으면 이혼하고 길이 없으면 참고 살아야한다." 먹고 사는 것이 쉬운 것은 아니다.

가슴속 응어리진 답답함을 내려놓고 싶은 주부는 "자상하고 따뜻한 남편이 죽고 너무 견디기 힘들었다."고 눈물을 보이면서 이야기하자 법륜은 "이렇게 울면 남편한테 좋으냐, 아이한테 좋으냐, 아니면 나한테 좋으냐, 무엇을 위해 누구를 위해 그렇게 하고 있느냐? 이렇게 행동하는 것은 미친 짓이다. 지금부터라도 제 정신을 차리고 살아라! 내가 우는 것은 나 자신을 합리화시키는 것이다." 무엇이 가장 도움이 되는 행동이며 처신일까? 죽은 남편이 이런 행동을 좋아할까? 친정 부모님이 좋아할까? 아이들이 좋아할까?

"나 몰라라 하는 남편 어찌할까요?"라는 아내는 "아이 둘을 키우는데 어렵고 남편과는 어찌해야 하나요." 법륜은 "아내가 다 직장 생활하느냐?" 묻자 "남편도 직장 다니고 아내는 직장을 다닌다."라고 하자 법륜은 "남편이 놀러 다니면 아내도 놀러 다녀라. 남편은 아내가 바라는 수준의 남편은 아니지만 아내가 느끼는 남편은 이기적인 남편이지만 다른 사람들이 느끼는 남편은 그렇지 않다. 그런 남자를 아내가 선택했지 않았느냐?" 그러자 아내는 "맞다!" 법륜은 "자기가 지은 인연을 모르면 억울하고 분하다. 내가 억울하고 분한 것은 내가 지은 인연을 알지 못함이다. 어머니에게도 키워주셔서 감사합니다. 남편에게도 그래도 어리석은 나를 내치지 않고 살아 주셔서 감사합니다. 아이에게도 그래도 그만하기 다행이다. 네가 잘하고 있다. 고마운 마음을 전하면 내 마음의 상처가 해결되지, 어머니를 고치고 남편을 고치고 아들을 고치겠다고 하면 해결이 안 된다. 감사한 줄을 알아야 한다. 이를 모르면 불행이 닥쳐야 깨우쳐 진다. 불만으로 살지 말고 내 생각을 내려놓으면 된다."고 말하였다.

법륜이 하고자 하는 말은 질문하는 모든 아내들이 남편과 살면서 억울한 마음이 들어 눈물을 흘리며 자신의 입장을 말하면 남편과 시어머니 탓이 아니라 내 탓으로 돌리며 나를 이렇게 깨우쳐 주어 감사합니다. 이런 마음이 생기면 행복하다. 결국 나와 남편은 둘이라는 것을 인정할 때 하나가 되는 것이며 가정이 행복하고 자기 스스로도 행복하다는 말이다. 즉 자아를 찾는 것이 중요하다. 누군가 희생을 하고 살았다면 누군가에게 나의 희생을 알아달라고 할 때 그리고 그 희생을 알아줄 때 스스로 보상을 받는다고 생각하고 위로가 된다. 그러나 삶이 그러한가? 모두 자신의 입장에서 이기적인 삶을 살기에 안타까운 것이다. 지금부터라도 내가 삶의 주체가 되어 판단하고 모든 잘못과 행위를 내 탓으로 돌린다면 현명한 삶을 살 수 있을 것이라 생각한다.

사랑은 동등한 것이다. 둘 중 하나가 서로를 포기하며 사는 인생은 바람직하지 않다. 시대가 빠르게 변화고 있다. 남녀 모두 '각자 하고 싶은 것을 하고 사는 것'을 같이 살면서 삶의 또 다른 원동력이 되는 평등한 세상이 되었다. 서로를 삶을 인정하고 동등하게 대할 때 가정의 행복이 온다.

4. 가끔은 서로의 일을 반대로 해보면 어떨까

가정에서 남자와 여자의 일은 어느 정도 구분이 되어있다. 남편은 청소를 하거나 쓰레기를 버리거나 설거지를 해주거나 빨래를 정리해주거나 아이를 돌봐준다. 아내는 장을 보고 음식을 하고 빨래를 한다.

어느 날 부부의 일을 바꾸어 해보면 어떨까? 남편이 음식과 빨래도 해보자. 음식을 해보면 준비과정에서 조리법을 배우고 도마를 사용하여 양념다지기, 파 썰기와 냉동된 고기나 생선이라면 사전에 충분한 시간을 가지고 녹여야 한다. 이런 일련의 과정에서 요리를 한다는 것이 먹는 사람을 위하여 정성을 드리는 것과 비례를 하는 만큼 음식 맛이 다르다. 그만큼 준비과정에서 조리과정까지 정성을 드려야 한 끼 맛있는 음식이 탄생한다. 여자들의 로망은 요리를 잘하는 남자라고 한다. 아니 확실하게 이야기 한다면 자신을 위하여 맛있는 요리를 해줄 수 있는 남자이다. 직업이 요리사라면 집에서 만큼은 요리를 하고 싶지 않을 수도 있다. 한 달에 한두 번은 사랑하는 아내를 위해서 요리를 해보면 사랑 받는 남편으로 거듭 날 수 있다. 그리고 빨래를 해보자. 세탁기가 아무리 만능이라지만 천의 종류에 따라 사전에 손으로 1차 세탁을 하고 그 과정에 찬 물을 사용해야 하는 지 온수를 사용해야 하는지 손으로 비벼 빠는 것이 좋은 지 빨래 방망이등 도구를 활용해야 하는지 전문성이 필요하다. 거기에다가 세탁을 하고 어떠한 세제를 넣어야 하는지 세제의 종류와 락스 등이 왜 필요한지 알게 된다. 이런 말을 하는 것은 이제 세상은 많이 바뀌었다. 예전에는 남편은 돈을 벌어 오고 아내는 살림을 했다. 물론 지금도 일부 가정은 그렇게 유지된다. 그러나 50% 이상의 가정이 맞벌이 가정이다. 서로 직장 생활로 받는 혜택과 고충이 동반한다. 같이 가사를 하지 않으면 조금씩 손해 본다는 생각을 갖게 되고 부부 사이에 금이 갈 수 있는 것이다. 결혼 후에 두 명의 아이가 생기면 여자가 직장 생활을 가사와 같이 하기가 물리적으로 너무 어렵다. 누군가 보모 역할을 해야 되며 남의 손에 자신의 자식들을 맡겨 키우고 한다는 게 우리 정서상 참으로 어려운 일이다. 중국은 남자가 퇴근하고 가정에서 요리도 하고 빨래도 하는 문화이다.

이렇게 역할을 바꿔 보면 서로의 입장을 이해할 수 있고 그로 인해 웃음이 끊어지지 않고 행복하고 사랑이 싹트는 가정이 이루어 질 수 있다.

5. 자식과 부모라는 관계는 무엇인가

자식은 부모의 물질적 정신적 유산이라고 한다. 이미 성인이 된 자식도 부모 입장에서 보면 영원한 아기 같은 존재이다. 자식이 성장하면서 부모는 정을 떼어 버리는 연습을 해야 한다. 우리나라는 법적으로 만 19세가 되면 성인으로 인정하고 부모로부터 독립을 할 수 있다. 부모의 승낙을 받지 않아도 결혼을 할 수 있는 나이라고 인정하는 것이다. 그러나 현실은 그렇지 않다. 지금 결혼적령기는 남자는 34세 여자는 31세로 늘어나고 있다. 성인이라도 최소한 결혼을 위해 무려 12~15년을 준비하는 셈이다.

서양도 우리와 비슷한 나이를 성인으로 인정하고 있지만 우리와 다른 점은 부모로부터 독립을 자녀 스스로가 인정하고 준비한다는 것이다. 그러나 우리나라는 결혼 후에도 자식에 대한 부모의 간섭이나 물질적 지원이 일반화되어 지나치다는 것이다.

불교에서는 자식이 태어나면 성인이 될 때 까지는 부모가 자식을 의무적으로 부양해야 하지만 성인이 되면 자식의 독립을 위하여 인연을 끊어내는 것이 부모가 해야 하는 훈련이라고 한다. 자식은 부모의 소유물이 아니다. 성인이 되는 시기가 오면 자식의 인격을 존중하고 자식의 생각을 존중해야 한다.

요즈음은 자식이 결혼하면 아이의 양육을 시댁이나 친가의 부모에게 의탁하는 경우가 많다. 부부가 맞벌이를 하는 가정의 경우 아이를 양가의 부모가 키워 준다하더라도 당장은 경제적으로 심적으로 도움이 되겠지만 자식은 부모와 영유아기 시절에 친밀한 유대관계를 맺는 것이 심적으로 많은 안정을 가질 수 있으며 훗날 성인이 되었을 때도 원만한 사회생활을 할 수 있다고 한다. 본래 자기 자식은 부모가 키워야 하는 것이다. 물론 어느 부모라도 자식을 스스로 키우고 싶지 않겠는가? 현실이 받쳐주지 못해서 그럴 수 있다. 그러나 자식의 교육은 영유아기 한 시절만 교육이 아니다. 성인이 되기까지 정서적으로 정신적으로 많은 돌봄이 필요하기 때문이다. 그런 노력은 돈으로 바꿀 수 가 없다.

성인이 되면 사회생활을 하는데 있어서 학생시절과는 다르게 형사적으로 민사적으로 자신의 행위에 대해 의무와 책임이 따르기 때문이다. 무엇이든지 누구에게라도 의지하지 않고 본인 스스로 하는 것이 바람직하다.

6. 부모에게 자식의 결혼식이란 무엇일까

자녀의 결혼은 한 부모의 인생 기록이다. 적어도 부부가 만나 사랑의 선물인 자식을 젊은 인생을 다 바쳐 거의 30년의 결실을 보는 역사이다. 그만큼 키워서 하나의 가정으로 독립하는 자녀들을 볼 때 다시 한 번 회심(回心)으로 돌아간다. 부부가 사랑으로 만나 미래를 약속하는 그야말로 인생 최고의 시간인 것이다. 나이가 들어 지인들의 자녀 결혼식에 가면 내 자식은 언제 결혼식을 할까? 하고 기다림의 시간을 보낸다. 서로의 배우자를 소개하기 위해 집으로 초대하는 날이면 그렇게 좋을 수 가 없다. 어느 집안의 자녀이며 어떤 아이일까? 그리고 내 자식에게 잘 어울릴 수 있는 상대일까? 등 설렘으로 가득하다.

결혼에 앞서 양가의 상견례를 위해 장소를 잡고 사돈을 만나면 어떤 이야기를 할까? 서로 어색한 덕담을 주고받으며 자녀를 칭찬해주고 겸손하게 자기 자식을 낮추며 조심스럽게 탐색전을 하며 아름다운 저녁 시간을 갖는다. 이 자리에서 혼인 날짜도 잡고 예단이나 결혼을 위해 서로의 준비물을 준비하는 과정에 자식들과 이별을 위한 준비를 한다.

이렇게 준비한 아름다운 결혼식에 신랑 신부를 진정으로 마음으로 축하해줄 그 자리를 지인과 친지들을 모시고 당일 정작 혼주와 결혼 당사자는 밥도 먹지 못하고 하객들을 맞고 정신없이 시간을 보낸다. 결혼식 후에는 양가의 어른들에게 폐백을 드리고 당당히 한 가정으로 사회에 첫 걸음을 디딘다. 그리고 그날 저녁 자식들은 신혼여행을 떠난다.

집에 오면 늙은 청춘 두 명이 남는다. 딸을 키우는 집에선 그동안 준비한 혼수물품이 다 실려 나가고 텅 빈 집에 홀가분하기도 하고 아쉽기도 하고 두 부부만 덩그러니 남는다. 부부는 서로를 격려하며 "그만하면 되었지!" 하고 자식을 키우면서 있었던 이런 저런 이야기를 하며 한시름을 놓기도 하고 그동안 부모의 역할이 이제 끝났다는 한쪽 마음 구석에서 대견함과 아쉬움이 스쳐간다.

결혼식을 보면서 서로 혼인 서약을 하는 시간을 30년 전으로 돌아가 아내와의 그 시간 속으로 빠져들어 가면서 지금부터 가장 소중한 아내를 위해 더 잘해 주어야겠다는 마음을 다진다. 부모에게 자식의 결혼이란 부부간에 지나간 시간속의 반성과 새로운 다짐이 아닐까?

7. 결혼식 날 아버지의 특별한 선물은 무엇일까

폐백(幣帛)이란 혼례 때 신부가 시부모나 그 밖의 시댁 어른들에게 처음으로 인사를 드리는 구고(舅姑)의 예(禮)를 올리기 위하여 준비해 가는 특별 음식을 말한다. 그리고 신랑 신부로부터 절을 받고 부모님은 밤과 대추를 던지며 '자식 많이 낳아 다복하고 건강하게 살아라!'고 덕담을 하고 절값으로 신혼여행에 보태라고 약간의 돈을 주며 신혼여행비로 사용하게 되는 것이 최근의 풍습이다.

절값을 이렇게 바꾸어 보면 어떨까? 부부가 첫날밤에 서로 마주 보고 앉아 부모로서 자식을 키워 오며 어떤 점이 부족하고 어떤 면이 좋았으며 앞으로 펼쳐 칠 미래에 대한 부부의 백년해로를 위하고 편안하고 안정된 결혼 생활을 위한 부모로서 살아온 인생의 진리를 담은 몇 페이지의 삶의 지혜와 경험을 적어서 첫날밤에 새로 출발하는 부부에게 주면 어떨까? 서로 아름다운 신혼의 밤을 보내기 전에 부모로서 인생의 선배로서 줄 수 있는 자식을 키우면서 아름다운 이야기를 읽게 한다면 부모님에 대한 감사함이 평생을 가지 않을까? 살면서 서로 어려운 일이나 힘든 일이 있을 때 적어주신 편지를 다시 읽어 본다면 둘이 헤쳐 나갈 힘과 용기를 얻을 수 있지 않을까 생각한다. 절값으로 받은 돈은 신혼여행 선물을 사오는 것으로 대체되면 한 번 갖거나 먹고 나면 잊어질 일이다. 그러나 편지는 부모가 자식에게 줄 수 있는 돈으로 계산할 수 없는 너무 값진 특별한 선물이다.

나는 두 딸을 결혼 시키면서 절값으로 두툼한 편지 선물을 주었다. 아마 받는 순간 현금을 왜 이렇게 많이 넣으셨지 하고 생각했지만 나는 부부에게 "오늘 밤 자기 전에 이 봉투를 뜯어보아라!"라며 기대감을 선물했다. 글쎄 받아 보고 돈이 아니라 실망을 했을 거라고 생각하지는 않는다. 어느 신혼부부도 받지 못한 정성 어린 값진 선물을 받고 부모님에 대한 감사함을 느끼지 않았을까.

사랑하는 아들과 딸에게!

이 편지를 읽어 볼 때면 발리에 있겠네! 먼저, 아버지와 엄마는 세상에서 가장 사랑스런 우리 딸이 성실하고 멋진 우리 사위와 결혼해서 너무 좋다. 세상에서 가장 잘 어울리는 한 쌍이라 생각한다.

옛날 어른들은 딸을 결혼 시키면 시집을 보낸다고 해서 죽을 때까지 신랑 집에서 뼈를 묻으라고 하고 친정도 자주 못 오게 한 것이 불과 30년 전도 되지 않았는데 요즈음은 신랑을 아들처럼 신부는 딸처럼 대하는 시대에 살면서 아빠세대도 구세대라는 생각이 든다.

아들아! 너의 아내는 태어나자마자 너무 예쁜 짓을 많이 해서 엄마와 나는 우리 딸이 이미 효도를 다했다고 생각해. 가끔은 무서운 매를 댈 때면 싹싹 빌어 몇 대 맞을 것도 안 맞을 만큼 지혜로 왔지.

이제부터 너희의 시대가 왔음을 느끼며 그 만큼 앞으로 알 수 없는 미래를 향해 가는 예쁜 신랑신부에게 아빠가 살아오며 느낀 작은 경험을 알려주고 싶다.

첫째, '세상은 늘 바뀐다는 것이다!' 불과 30년 전 만해도 우리 아버지 세대는 전쟁과 일제 식민지와 군부 쿠데타 등 다양한 한 치의 앞도 보이지 않는 암울한 시대를 살고, 단칸방에 사는 것이 당연시되고 대학교 졸업하면 대여섯 개 직장에 합격하여 골라가는 시대가 이제는 다양한 스펙을 쌓아도 원하는 직장에 들어가는 것이 어려운 세상이 되었다. 앞으로도 우리 대한민국은 북한관계와 미국/중국의 열강들의 주도하에 언제든지 세상이 바뀔 수 있다는 것이다. 세상을 보는 지혜로움을 가져라.

둘째, '10년의 목표를 설정하라는 것이다!' 너희는 둘 다 직장을 가지고 있으니 걱정할 것 없다. 다만, 한번 들어가면 최선을 다하라는 것이다. 그리고 10년 후 목표를 설정하고 도전해야한다. 목표가 없으면 도태되고 목표를 수정할 수 도 없단다. 이를 위하여 부부가 1년에 한번은 서로의 목표에 대해 이야기하는 시간을 반드시 갖기 바란다.

셋째, '세상에서 가장 가까운 사람은 부부다. 가장 우선되어야 하는 것이 신뢰다!' 아내는 남편을 남편은 아내를 100%가 아니라 1000% 신뢰해야한다. 살다보면 본의가 아니게 서로의 자그마한 의견이 충돌되어 큰 일이 되고, 잘못한 점이 있으면 무조건 덮어주고 어려운 일이 있으면 무조건 합심해야한다. 이제 너희도 이제껏 친구와 직장동료를 가까이 해왔지만, 그들은 다 남일 뿐이다. 남에게는 신세져서도 안 되고 과분하게 해서도 안 된다. 불가근불가원으로 살아라. 다만, 서로 오래 알게 되면 신뢰를 쌓을 수는 있으나 한계가 있다.

넷째, '여유는 돈에서 나오는 것이 아니라 평소 조그마한 일 이라도 베푸는 정신을 가져라!' 늘 나보다 못한 사람에게 관대하고 젊을 때부터 그런 마음을 늘 갖고 실천해라. 다만, 오른손이 하는 일을 왼손이 모르게 하는 것도 하나의 방법은 될 수 있을 것이다.

다섯째, '주1회나 월1회 요일을 정해서 아이가 태어나기 전에는 부부 요일을, 아이들이 생기면 가족의 요일을 정하여 그 날 만큼은 아무도 침범할 수 없는 둘만의 시간을 갖도록 해라!' 이는 유대인의 생활 습관인데 이 자그마한 습관이 가족의 유대와 행복을 만들어 주는 끈이 되었다 한다.

여섯째, '부모에게 효도를 하거라!' 우리도 이제와 생각해보면 부모님에게 잘하지 못했다. 옛날 말에 효를 하려했더니 부모는 돌아가시고 없더라! 라는 말이 있다. 부모를 소중히 알면 자식도 그 것을 배워 그대로 한다. 지금은 젊어 실감이 나지 않겠지만, 내가 살아보니 벌써 30년이란 시간이 순식간에 지나갔고 그동안 부모님에게 멋지고 훌륭한 자식이 되는 것이 쉬운 일이 아니라는 것을 재삼 느낀다.

일곱째, '자그마한 일도 서로 상의하는 습관을 가져라!' 서로가 생각이 다르고 무관심하게 당연히 자기 스스로 결정해도 된다고 생각하는 일도 상대방에게는 생각이 다를 수도 있다. 서로 속박하라는 이야기는 아니지만 지혜롭게 서로에게 배려와 관심을 갖고 늘 같이 할 수 있는 것이 무엇인지 생각을 하여 최소한 2~3가지는 같은 취미를 갖도록 노력해라. 그렇지 않으면 시간이 지날수록 이다음에 늘 서로가 달라 남처럼 행동하게 된다.

여덟째, '나의 10가지 행복 조리법을 작성하여 늘 품에 넣고 다니거라!' 조리법이 늘 행복을 만들어 줄 것이다. 꿈도 만들어주고 성공을 이룰 수 도 있다.

아홉째, '아이가 태어나기 전부터 책을 끼고 살아라!' 책에 진리가 있고 책에 마음의 양식이 있고 성공에 이르는 길도 있다. 주말에 최소한 1번

도서관을 가도록 하고 아이가 태어나면 아이주변에 손 만 뻗치면 책이 있도록 하면 아이의 교육은 성공할 것이다.

마지막으로 '형제간에 친하게 지내라!' 남편의 형제와도 아내의 형제와도 늘 친하게 지내라! 누구도 그를 대신할 수 없다. 시간이 답을 알려 줄 것이다.

그리고 세상을 살면서 가장 중요한 것은 '자기관리를 철저히 하라는 것'이다. 사회에서 직장에서 개인적으로 무결점인 사람이 되라는 것이다. 사회는 너희가 한 짓을 다 기록해두고 있다. 경찰서에 한번이라도 가면 기록이 남고 경범죄와 같은 사소한 일이라도 벌점을 받으면 기록이 남는 무서운 세상이다. 직장에서 남에게 해를 끼치면 이다음에 너에게도 다친 사람이 음으로 양으로 복수를 하고 일을 하면서 상대방에게 마음을 다치는 일이 없어야 한다. 공명심을 유발해 과하게 행동하면 당장은 내가 승리하고 출세한 것 같지만 세상은 다시 말로 되 갚아준다. 일을 하며 상대방의 의견을 존중하고 아무리 밉고 야비한 자라도 상대방을 소중하게 대하여 그 사람이 나를 인정해 줄 수 있고 존경할 수 있도록 만들어야 한다. 그리고 마지막으로 개인적으로 부정을 절대 행해서는 안 되며 생각이 바르고 늘 원칙을 세워 자기관리를 철저히 해야 한다. 항상 다음을 생각하고 미래를 대비한다면 이다음에 세상이 환경이 변하면 너희가 회사생활만 하라는 법이 없고 정치를 할 수도 있고 어떠한 환경에서도 잘 될 것이다. 이것이 아빠와 엄마가 살아오면서 힘들게 경험으로 고통으로 배운 것이다. 너희는 이것들을 늘 가슴에 새겨 세상에서 가장 존경받는 사람이 되거라! 특히, 부부간에 존경해야 한다.

하얀 도화지에 아름다운 인생을 그리는 너희가 가장 행복할 때라는 것을 잊지 말고 이 순간들이 영원할 수 있도록 만드는 것도 이제 너희의 몫이다.

사랑한다! 나의 아들! 그리고 사랑스런 딸!

이번 결혼에서 너희도 배웠듯이 양가 부모님의 서로를 배려하는 낮은 자세, 검약과 겸손을 잘 배워 모든 것을 분수에 맞게 살도록 노력하거라!

8. 사랑스런 아이들의 모습이란

아이를 키우는 부모 입장에서 가장 사랑스런 아이의 모습을 물어본다면 어린 시절에 '엄마 품에서 젖을 먹고 있는 아이 모습, 부모의 두 팔에 누워 목욕을 하는 아이모습, 깔깔대며 무엇이 그렇게 좋은지 티 없이 웃는 아이 모습, 무언가 알고 싶어서 수십 번을 물어 보는 아이, 곤하게 자고 있는 아이모습, 처음에는 엄마!, 2살이 되면 말을 하고 싶어서 으르렁대는 아이, 아빠! 라는 소리를 할 때' 등등 몸짓, 손짓 하나하나 모두 사랑스럽다. 어린이집을 다니면서 연말에 부모를 모시고 하는 '천사들의 합창'은 모든 부모들이 자신의 아이들이 하는 귀여운 율동에 너무 기뻐한다. 영문을 모르며 선생님을 따라하는 아이와 갑작스레 많은 사람들 앞에서 놀라 울면서 따라 하는 그 모습은 너무 애처롭지만 최고의 귀염둥이인 것이다.

유치원을 다니면서 스쿨버스타고 내리며 타기 전에 배꼽인사를 하고, 말을 자유자재로 하면서 다녀와서 배운 노래를 하고, 하고 싶은 것! 갖고 싶은 것! 이 무한대라 보는 대로 사달라며 부모와 한바탕 말 전투를 벌이는 '왜 안 되는데?'라는 수십 번이나 답변을 해줄 때가 두 번째 사랑스런 모습이다.

초등학교를 입학하면서 가방을 직접 고르고 학교를 다녀와서 숙제를 하는 모습과 학년이 거듭될수록 성큼 성큼 자라나는 아이의 모습을 보면서, 중학교에 들어오면 사춘기로 자기만의 공간을 주장하고 부모에게 곁을 안주고 반항하고, 고등학교에 들어가 대학을 가기 위해 수험생으로 잠도 못자고 공부하는 안쓰러운 아이 모습 등 살아가면서 여기까지가 키우는 사랑스런 아이의 모습을 보는 재미라고 보면 어떨까?

그러다가 대학생활을 마치고 직장에 들어가서 바쁜 일상을 보내다가 서로의 배우자감을 데리고 와서 결혼하고 아이를 낳아 키우게 되면 부모들이 결혼했던 시간으로 돌아가 후손의 탄생으로 기뻐 힘들지만 손주를 키우면서 살아가는 인생의 모습이 가장 아름다운 것은 아닐까? "인생 뭐 있어? 별거 아니잖아!"

9. 아이를 키운다는 것은 키우는 사람도 인간이 되는 과정일까

경기연구원이 2017년 8월 '경기도민 삶의 질 조사 가족'이란 보고서를 발표했다. 그런데 이 가운데 경기도내 거주하는 20 · 30대 젊은이들의 혼인과 출산에 대한 인식이 충격적이다. 이 보고서에 따르면 20대의 31.9%, 30대의 21.3%가 '혼인을 하지 않아도 된다.'고 응답한 것이다. 또 20대의 34.1%와 30대의 24.7%는 '자녀가 없어도 상관없다.'고 밝혔다. 참고로 혼인을 하지 않아도 된다는 40대 도민은 18.1%, 50대 16.0%, 60대 9%, 70대 8.5%, 80대 9.6%였다. 이번 조사에서 또 눈에 띄는 것은 미혼 여성들의 혼인의향이 남성보다 낮다는 것이다. 전체 미혼 여성 중 59.8%만 혼인의향이 있다고 답했다.

전체 미혼 남성 71%보다 현저하게 낮다. 이는 지난 6월 통계청이 발표한 '2017 통계로 보는 여성의 삶' 조사 결과에서도 나타난다. '혼인을 해야 한다'고 생각하는 우리나라 전체 미혼 남성은 42.9%, 여성은 31%밖에 안됐다. 즉 미혼여성 10명 중 3명만 혼인을 해야 한다고 생각하고 있다는 것이다. 더 심각한 것은 혼인의향이 계속 줄고 있다는 것이다. 지난 2010년엔 46.8%였는데 이번 조사에선 31%로 크게 감소했다. 혼인과 출산을 기피하는 이유에 대해 평생을 벌어도 사지 못하는 집값의 폭동이나 자기 자신의 삶을 최우선시하는 생각으로 젊은이들의 생각이 급변하고 있다. 또한 경기연구원은 이 결과에 대해 여성의 경우 여전히 가사와 양육을 거의 전담하는 소위 '독박육아'가 극복되지 않았기 때문이라고 분석한다.

이러한 현실 속에서 서로가 짝을 만나 결혼을 하고 아이를 키우며 살아가면서 우리는 아이로부터 인내를 배우고 삶의 희망이라는 홀씨를 뿌린다. 아이를 낳아 키우면서 가장 먼저 접하는 것이 육아라는 현실이다. 대부분 부부가 직장 생활을 하는 현실을 감안할 때 부부 중 한 사람이 육아를 맡는 다는 것은 엄청난 결정이다. 그러나 현실은 육아를 위해 남에게 맡길 수 없는 현실이라 양가의 부모님이나 부부 중 한 사람이 퇴직을 결정하고 육아를 하는 추세이다. 육아는 1기인 육체적인 희생으로 분류되는 영유아기와 2기인 정신적인 희생으로 분류되는 청소년기 교육으로 나누어진다고 생각한다. 먼저 1기는 아이를 키우면서 1살 까지는 우유와 기저귀를 갈아주는 것이 일과의 대부분이다. 그러나 1살이 넘어가면 아이는 걷기 시작하면서 나이에 맞는 놀아주기를 하고, 2살이 넘어가면서 자기주장이 생기면서 양육자와의 마찰이 시작된다. 3~5살은 활동량이 왕성하여 잠시도 가만있지 않고 집에서 뛰고 밖에 나가서 보내는 시간이 점점 많아진다.

아기를 키우는 사람은 언제가 가장 편한지 사실 모른다. 지나서 생각해보면 사실은 어릴수록 양육하기에 편하다. 태어나서 젖을 먹일 때는 남의 아이는 빨리 크는데 우리 아이는 더디게 크는 것 같고 차츰 아이가 크면서 활동량이 풍부해지면 쉬울 것 같은 육아가 아이의 욕구를 충족시켜주기 위하여 양육자 입장에서는 육체적으로는 더욱 힘든 시기를 겪게 된다. 다 큰 아이를 안아주는 부모는 감당이 안 되어 허리나 무릎 통증에 시달린다. 젊은 부모 역시 힘들기는 마찬가지이다. 초등학교를 들어가기 전까지 이러한 반복적인 일들이 삶을 지치게 한다. 자기 자식이기에 예쁘고 귀여워서 육아를 하는 것이다. 이러면서 고단한 삶을 이해하게 되고 그동안 육아로 인한 인내심의 결과가 부모에 대한 감사한 마음으로 이어진다. 말을 안 듣고 힘들게 하는 자식에게 부모들은 "이 다음에 네 새끼 낳아 키워 바라!"며 지금 7년이라는 짧은 시간이지만 자식은 부모를 이해하게 된다.

그러나 초등학교부터 대학까지 16년의 시간동안 자식을 재정적으로 정신적으로 뒷바라지해야 하는 시간은 부모가 경제생활을 영위하기 위하여 가장 바쁘고 힘든 시절이다. 정신적으로 성장하는 아이들에게는 이 시기가 자신의 미래가 결정되는 가장 중요한 시기임에는 틀림없다. 부모는 자식에게 정신적인 지주로서 많은 대화와 지혜로 자식과의 교감을 통해 반항으로 나타나는 자식의 정신적인 독립시기에 훌륭하게 사랑의 가정을 이끌어야 자녀가 사회에 진출하는 기본 자양분과 같은 역할을 하게 되는 것이다. 이와 같이 성장 단계별 부모의 역할이 중요한 것이다. 가정에서 부모의 역할은 교사로서의 생활지도 및 교육, 훈육, 제사에 이르기까지 무임금의 만능 능력자이다. 그러나 현대의 가정은 정신적인 안식처로써의 기능이 중요시되고 있다. 자녀를 잘 키우기 위해선 "세살 버릇 여든까지 간다."는 옛말이 있을 정도로 중요하다. 최근에는 시대가 너무 급변하여 자녀의 눈높이에서 대하는 "부모 됨에 대한 교육과 훈련을 받는 것이 필요하다!"고 하며, 한국심리상담연구소의 '효과적인 부모역할훈련' 프로그램을 이수하기도 한다.

10. 자녀를 강하게 키우는 방법은

우리나라에 국토대장정(560km~615km)는 청소년을 대상으로 '가장 큰 실패는 도전하지 않는 것'이라는 슬로건 아래 극기를 통해 성취감을 주는 목적이 있다면, 퍼시픽 크레스트 트레일(PCT:Pacific Crest Trail)은 멕시코 캄포에서 출발하여 태평양을 따라 이어진 커다란 산맥줄기인 캘리포니아주, 오리건주, 워싱톤주와 캐나다 국경까지 4300km(2627 miles)의 구간으로 마음의 상처를 받거나 건강이 좋지 않거나 은퇴자 등 다양한 사람들이 무려 170여 일 동안 혼자 회심(回心)의 마음으로 순례를 통해 자신의 새로운 나를 찾아가는 건강과 마음을 회복하는 장기간의 산행이다.

왜 PCT와 자식을 올바르게 교육하는 방법은 무슨 연관이 있을까? 국토대장정이 청년기에 이루어진다면 PCT는 자신의 삶을 돌아보는 자신과의 싸움을 통해 새로운 마음을 얻기 때문이다. 우리는 본인들의 삶에 지쳐서 자식들은 부모처럼 살게 하기 싫어서 잘되라고 수많은 잔소리와 꾸중을 하면서 다그치며 산다. 특히 도심에서의 삶은 유치원을 다니는 어릴 적부터 각종 학원을 다니고 초중학교부터 대학을 들어갈 때 까지 선행학습과 소위 잘나가는 학원에서 비싼 돈을 들여 밤낮으로 오직 입시를 위한 엄청난 소비를 하게 된다. 과연 이렇게 자란 아이들이 자신의 뜻과 다르게 성적에 맞추어 대학에 진학하고 대학을 졸업하는 시점에는 많은 학생들이 취업을 하지 못해 1~2년을 졸업 유예를 하면서 시간을 보내면서 인생관이 바뀌고 사회에 대한 분노와 절망감으로 부모로부터 독립도 못하고 비싼 물가로 인해 결혼도 하지 않는 신풍속도를 낳고 있다. 참으로 기막힌 일이다.

자식을 바르게 키운 다는 것은 자식에게 자식의 의사에 반하는 모습이나 학업을 하는 것이 아니라 부모가 모범을 보여 솔선수범함으로써 자식이 자연스럽게 스스로 학습하는 재미를 느끼고 하고 싶은 것을 하도록 하게 하는 것이다. 특히 어릴 적부터 아이는 아이답게 즐겁게 친구들과 노는 환경을 조성하고 아이의 끝없는 호기심을 잘 들어주며 아이와 함께 하는 주입식이 아닌 아이 스스로 학습할 수 있는 여건을 조성하는 것이 부모의 역할이다. 이렇게 하려면 부모도 아이를 잘 보살필 수 있도록 부모로서 교육을 받고 관련 분야의 지식을 습득하고 서로 소통을 통해 구김살 없는 아이의 밝은 미소를 지닌 씩씩하고 마음이 건강한 아이가 되도록 해야 한다.

11. 어릴 적 교육과 벗이 그 사람의 인생이다

가정교육은 "훌륭한 어머니는 좋은 스승보다 낫다" 유비 모친은 유비에게 유년기와 소년기를 잘 보낼 수 있도록 도운 후 15세가 되던 해에 동한 말년의 경학가이며 황건적의 난이 일어나자 훗날 북중량장에 임명될 정도로 문무를 겸비한 노식(盧植 139~192)을 첫 번째 스승으로 모시고 공부를 가르쳤다. 노식의 강의 방식은 아주 특별해서 "항상 고당에 앉아 붉은 휘장을 내리고 가르침을 베풀었는데 휘장 앞에는 많은 학생이 있었고, 뒤쪽에는 여인들이 열을 지어 노래하고 춤을 추었다"고 하며 이는 학생들의 집중력을 시험하는 의도였다. 집중에 대해 어떤 사람이 고승에게 무엇이 수행이냐고 묻자 "밥을 먹고 잠자는 것이다!"라고 대답하고 "사람들은 밥을 먹을 때 마음을 다해 먹지 않고 1,000가지 일을 염두에 두니 어떻게 밥을 먹는데 마음을 쓰겠습니까? 잘 때도 만 가지 근심을 가지고 있으니 어떻게 잠자는 데 마음을 두겠습니까?"라고 했다. 또한 동종 유원기가 유비에게 비용을 대주어 자신의 아들 유덕연과 똑같이 대했다. 두 번째는 북방의 호족 요서 영지사람 공손찬이다. 유비는 그가 나이가 많아 형으로 모셨는데 공손찬은 영민하고 준수하게 생겼을 뿐 아니라 의기와 담력을 갖추어 허베이의 한 지역에 제후가 되었고 공손찬의 천거로 처음 관리로 임명되었다. 세 번째는 중산의 부유한 상인 장세평과 소쌍으로 말을 사고파는 상인으로 중원의 차와 변경의 말을 거래하는 변경무역에 종사했는데 유비를 남다르게 여겨 많은 돈과 재물을 챙겨주어 유비가 조직을 거느리고 사업을 일으킨 자금은 모두 이 두 사람에게서 받은 것이었다.

이로 인해 유비는 선하인(善下人)으로서 논어에 학문이나 수량이 자기보다 못한 사람에게도 가르침을 구하는 것으로 아랫사람을 잘 대해주는 것이고, 기쁨과 노여움을 표정에 드러내지 않았다. 항상 온화하고 치우침이 없이 환한 얼굴로 사람을 대했다.

12. 소중한 추억을 쌓는 일은 여행만이 답이다

살다보면 가족 간에 추억을 쌓아간다. 결혼해서 둘만의 인생이라는 하얀 도화지에 그림을 그려나간다. 도화지 위에 스케치는 언제든 지울 수 있다. 이렇게 지워지는 것은 시간이 지나면 같이 회상할 수 있는 추억이 아니다. 지워지는 추억은 무엇일까? 지극히 평범한 일상이다. 가족 간에 외식을 한다든지 아이들과 놀이를 같이 한다든지 도심에 살면서 백화점이나 장을 보러 간다든지 지극히 평범한 일상이다. 이러한 활동은 추억이 되지 못한다. 가정주부가 밥을 하고 빨래를 하고 집안 청소를 하는 것과 같이 아무리 뼈 빠지게 일을 하더라도 아무런 표시가 나질 않는다. 직장에 다니는 남편이나 아내역시 직장에 다닌다면 먹고 살기 위해서 아니 돈을 벌기 위해 다니는 것이다. 서로 간에 화제 거리를 찾기 힘들다. 직장에 다니는 남편이나 아내역시 직장에 다닌다면 먹고 살기 위해서 돈을 벌기 위해 다니는 것이다. 서로 간에 화제 거리를 찾기 힘들다. 직장 이야기를 해서 물론 필요한 조언을 들을 수 도 있지만, 많은 직장을 가진 부부들이 서로 다른 직장에서 일하다다 보면 공통의 분모로 해결할 수 있는 조언은 갖기 어렵기 때문이다. 그것은 처해있는 상황이 다르고 일하는 사람들이 다르기 때문이다.

그렇다면 추억은 무엇이 답일까? 가족 간에 여기 저기 다니는 여행이다. 그 여행이 최소한 하룻밤을 자거나 그보다 더 길다면 더할 나위 없다. 부부간의 관심지역 여행지를 결정하여 다니든지 휴가차 다녀오든지 다 좋다. 세월이 지나 서로 간에 애틋한 정이나 히스토리를 만드는 것은 서로 바쁜 일에서 벗어나 일탈하는 것이 즐거움을 주고 피곤함에 지친 머리를 휴식하고 재충전의 기회를 주는 것이다. 다행히도 우리나라는 사계절이 있는 참 좋은 나라이다. 변화와 역동을 줄 수 있는 철마다 지방 곳곳에서 많은 축제가 있고 볼거리가 있고 먹을거리가 너무나 다양하다. 실제 평생을 사는 동안 가족 간에 1년에 몇 번을 갔는지 생각해본다면 손가락으로 꼽을 정도로 적을 것이다. 그게 바로 현실이기 때문이다. 그래도 짧은 여행이라도 다녀오면 생기가 돌고 추억거리가 생겨난다.

아이가 있는 집은 여행이 더 필요하다. 어릴 적부터 아이를 위해 다양한 체험거리를 만들기 위해 다녀야 한다. 많은 젊은 부모들이 직장생활로 인해 피곤하여 주말에 쉬지 못하고 주변에 키즈 카페나 아울렛이나 백화점을 전전한다. 거기가면 먹거리와 편안함으로 시간을 보낼 수 있기 때문이다. 그러나 그것도 하루 이틀이다. 거기다가 어릴 적부터 주변에 학원을 다니게 하며 아이를 공부라는 굴레에 쓰이게 한다.

SBS에서 방영하고 있는 '영재발굴단'이라는 프로그램을 보자. 아이가 한 분야에 엄청난 소질이나 집중을 하여 부모가 우리 아이가 영재가 아닌가 하여 프로그램에 출연한다. 출연한 대다수의 아이들에게서 공통적으로 나타나는 현상이 있다. 아이의 눈높이에 맞춰주지를 못해 부모는 당황하고 아이가 한 분야에 너무 집중해서 전문가의 진단을 받아보면 다양성이 부족하여 친구를 사귀지 못하거나 나가서 또래의 아이들과 놀지 못해 아이가 스트레스와 우울증으로 진단받으면 부모 스스로도 많이 놀라고 당황해한다. 공부보다는 친구들과 놀게 하고 자연 친화적인 활동을 통해 아이를 재탄생시켜주면 아이는 활력을 얻고 천진난만한 아이의 환한 얼굴로 되돌아오는 것을 많이 보았다. 어린 아이를 성장시키는 것은 자연친화적인 활동에서 아이는 배우고 성장해야한다. 그것은 아이의 관심과 눈높이에 맞게 아이에게 책을 읽어 주고 책에서 배운 것을 자연에 가서 체득하도록 해야 한다. 책에서 올챙이를 배우면 올챙이를 잡게 하고, 아이가 채소나 과일을 잘 먹으면 철마다 채소 기르기와 과일 따기를 하러 가는데 이 모든 것은 민간이나 지자체에서 운영하는 자연체험학교에 가면 된다. 아이가 곤충을 좋아하면 곤충박물관에 가서 직접 보고 만지고 애벌레도 보고하면서 체험을 하도록 하면 아이의 머릿속에 즐거움과 추억거리를 만들 수 있다. 공룡을 좋아하면 공룡이나 자연사박물관을 가서 체험하면 된다. 이 모든 것이 자연과의 친화이며 아이의 욕구를 해결하고 흥미를 유발하고 다녀와서 많은 이야기 거리를 남길 수 있다.

아이가 학교에 들어가면 가족 간에 여행을 1년에 한차례 이상 할 필요가 있다. 겨울에 얼음 깨고 하는 산천어축제나 여름에 진흙놀이인 머드 축제 등 지자체에서 운영하는 다양한 행사에 당일로 다녀올 수 있고 물놀이 공원이나 스키장 등 며칠의 여행을 계획할 수도 있다. 여유가 있고 기회가 된다면 해외여행을 계획하여 새로운 경험을 느끼게 할 수 있다. 아이가 크면 부모로부터 벗어나 자아가 성장하며 친구들과 가고 부모가 같이 가자고 해도 관심이 없는 아이들도 많다. 이다음에 아이가 커서 결혼을 하고 부부가 나이가 들면 가장 소중한 기억은 무엇일까? 바로 이런 추억이 아닐까? 지금이라도 용기를 내어 1년에 가족 간 최소한 한 번은 국내든 해외든 여행을 떠나자. 더 멋진 시도를 한다면 아이들끼리만 여행을 시켜보자. 초등학교 고학년이 되면 형제끼리, 자매끼리, 남매끼리 등 여행을 시켜보는 것이다. 부모는 의미 있는 여행 준비를 위해 다양한 정보를 제공해주는 것이다. 다녀오고 난 후 두 아이는 그 누구도 해보지 못한 서로의 우정과 멋진 기억을 통해 자존감을 갖고 평생 삶의 밑거름으로 살 것이다.

13. 부모와 철없는 자식의 마음이 같을까

2017년 2월 통계청이 발표한 6개월 이상 청년 실업자 비중은 1999년 경제 위기 보다도 높은 5명중 1명이 장기백수라고 발표했다. 누구들 취업을 하고 싶지 않은가? 일자리의 질이 너무 떨어지면서 소공자 소공녀로 자란 우리의 아들딸들이 부모의 곁을 떠나 자립하지 못하고 있는 안타까운 현실이다.

대학을 졸업하고 졸업을 유예하는 신풍토가 생겨나고 있는 암울한 현실에 '부모와 자식 간의 마음이 같을까?' 하는 말도 안 되는 반문을 해보았다. 부모와 자식 간의 대화를 가정해 보자. 자식이 부모에게 묻는다. "아버지 어머니! 제가 취직은 안하고 사회의 다양한 경험을 해보겠습니다. 어떻게 생각하세요?" 부모는 "그래! 취직 스트레스 받지 말고 천천히 네가 하고 싶은 것 해!"라고 대부분의 부모는 자식에게 이렇게 대답할 것이다. 그러나 반대로 부모의 속마음은 "아이고 저걸 자식이라고 뼈 빠지게 키워놨더니 취직도 못하고 큰일 났네. 죽일 수도 없고 살릴 수도 없고! 아이고! 머리 아프다!"라는 답이 맞을 것이다. 부모는 자식의 이런 처지를 이해하고 마음의 상처를 주지 않으려고 최선의 노력을 한다. 부모는 무조건 내어 주는 것이다. 자식은 빨대를 부모에게 꼽고 빨아먹는 참으로 묘한 존재이다.

장성한 자식을 둔 결혼 또한 마찬가지이다. 부모가 자식에게 묻는다. "너 사귀는 사람 있니? 결혼은 언제할거야?"라고 하자 자식은 "왜 그런 거 물어봐요. 스트레스 받게. 요즈음 누가 결혼을 내 나이에 해요. 천천히 하죠." 참으로 어이없다. 부모는 어떤 마음일까? "어휴! 저걸 어쩌지. 계속 빈대 붙고 살라고 하네. 빨리 내보내야 할 터인데 걱정이네. 아이고! 골치야!" 아닐까? 너무 리얼하게 표현하였지만 이게 오늘의 현실이다.

모든 것은 때가 있다. 공부도 결혼도 때가 있다. 이것이 늦어지면 모든 인생의 단추가 하나씩 잘못 끼워지기 시작한다. 요즈음 추세로 결혼을 35세 이후에 한다면 아이는 35세가 되어야 성인이 된다는 현실을 젊은 이들은 간과할까? 70세까지 일해야 되는 본인 인생의 역정이 얼마나 고달픈지 모르는 현실을 지금 청년인 그대들은 모르지만 부모의 눈으로 보면 일그러져 가는 삶이 보인다. 어떻게 해야 할까? 자신의 본분을 인식하고 때를 놓치지 말아야한다.

14. 손주를 돌봐주어야 할까

요즈음 젊은이들은 부부가 직장생활을 한다. 아이를 낳아 키운다는 것은 직장생활을 하는데 많은 부담으로 다가 온다. 누군가 키워줄 사람이 필요하다. 대부분 아이 하나면 어떻게든 견디어 보겠다고 하지만 둘이 되면 부부 중 한 명은 육아에 전담해야 한다. 왜냐하면 육아는 하루 이틀에 끝나는 게 아니기 때문이다. 부부가 직장생활을 한다는 전제라면 아이는 어려서부터 고등학교까지 성인이 되기 전까지 누군가 전담을 해야 아이가 육체적이든 특히 정신적으로 건강하게 클 수 있다. 은퇴한 조부모에게 어린아이 육아는 양면성을 가지고 있다. 하나는 육아에 대한 힘들고 어려운 부담감이고 다른 하나는 육아를 통해 얻는 기쁨이다.

보통 육아 휴직이 3개월에서 길게는 1년 정도이다. 아이가 태어나면 그 집안에 활기가 돈다. 보통은 30년 만에 보는 아이의 탄생을 보는 것이다. 귀엽고 예쁘고 그저 자신의 손자가 최고다. 손자 자랑은 팔불출이라 했다. 그렇지만 많은 은퇴한 주부들이 만나면 수다거리는 대부분 손자손녀 키우는 이야기에 시간을 보낸다. 할머니 할아버지에게 손주를 맡기는 것은 어느 부부도 원치 않을 것이다. 그러나 현실이 허락하지 않는다. 당장 수입과 미래를 생각한다면 맡길 수밖에 없는 입장이다. 그렇다면 실상은 어떠한가? 육아를 맡은 조부모는 일단 자식들 집 근처로 이사를 오든지 아니면 자식 집으로 출퇴근을 해야 한다. 그야말로 선택의 여지가 없다. 하루 종일 꼼짝도 못하고 육아에 전담해야 한다. 그로 인해 몸도 피곤해지고 지친다. 요즈음은 아이를 주중에 맡기고 금요일 저녁이나 토요일 아침에 아이를 데려와 지친 조부모를 위해 휴식을 주고 자신들이 키우는 추세이다. 이렇게 되면 노후에 하고 싶은 것은 아무 것도 할 수가 없다. 가끔 아들이나 딸들과 협의하여 고작 며칠 여행을 다녀오는 것이 전부이다.

그렇다면 이런 일이 언제 끝날까? 4세까지는 어린이집, 5세부터는 유치원, 8세부터는 초등학교로 이어진다. 어리면 어릴수록 손이 많이 가고 돌봐주어야 할 일이 많다. 유치원을 가면 육체적인 일에서는 벗어나지만 유치원 버스 시간에 맞추어 데리고 가고 와야 한다. 갔다 오면 간식거리도 해주고 놀아주다 보면 시간이 가버린다. 조금 더 지나면 아이가 태권도, 미술학원 등을 다니기에 정신적으로 도와주어야 한다. 초등학교에 들어가면 더 세심하게 정신적으로 돌봐야 한다. 학교에서 어떤 일이 있었는지? 잘 적응하며 다니는지? 학교 과제물과 숙제 등 조부모가 해야 할 일은 무궁무진하다. 이런 시간을 고등학교까지 해주어야 한다. 이럴 용기가 있다면 육아를 도와주어야 한다.

기쁨은 무엇인가? 육아로 육체적으로 힘들지만 손주가 자라면서 보여주는 재롱과 기쁨은 그 무엇보다도 바꿀 수 가 없다. 아이가 눈웃음을 치고 이것저것 궁금해서 물어보고 아이에게 동화책을 읽어 주고 놀이를 같이 하고 평생 가보지도 않은 다양한 체험도 같이 가고 어찌 보면 가족에 투자하는 일 만큼 보람스러운 일이 없다. 이런 희생으로 인해 건강한 가족이 탄생하는 것이다. 육아를 하게 되는 가장 큰 이유 중의 하나가 자신의 손자를 남에게 맡기는 것이 마음에 들지 않는 것이다. 아무리 뭐라 해도 남의 손보다는 힘들어도 내 손으로 키우는 것이 우리들 생각이기 때문이다. 물론 품안에 손자라고 해서 다 자라면 조부가 키워준 것을 다 잊어버리고 자신의 삶을 사는 게 세상의 이치다. 내 생각으로는 손주가 태어나기 전에 자식과 육아 문제에 대해 충분히 상의하고 미래에 대한 준비를 하는 것이 바람직하다고 본다.

15. 손주가 주는 기쁨은 무엇일까

손주가 주는 기쁨은 이 세상 어느 기쁨보다도 삶의 활력과 감동을 준다. 결혼한 딸이 출산을 하자마자 이제 막 태어난 손주와 첫 대면을 할 기회가 첫 번째 기쁨이요. 아이가 첫돌이 되기까지 아내와 같이 젖도 먹이고 응가도 닦아주고 옹알이도 듣고 해맑은 웃음을 주는 것이 두 번째 기쁨이요. 말을 하면서 자기 의사표현을 하면서 직장 다니는 엄마의 퇴근시간에 맞추어 밖에서 엄마를 기다리는 손주를 데리고 길가에 가서 기다리는 것이 세 번째 기쁨이요. 아장 아장 걷는 아이가 밖에 나가서 이것저것 세상 구경을 시켜달라며 같이 골목길로 나가 아이가 이끄는 대로 가는 것이 네 번째 기쁨이요. 두 살이 되자 똥도 가리고 기저귀를 떼고 뛰어 놀면서 저녁에 같이 목욕을 하는 것이 다섯 번째 기쁨이요. 3살이 다가오자 어린이집에 가서 연말에 재롱잔치를 울먹이며 선생님을 따라하는 귀여운 율동을 보는 것이 여섯 번째 기쁨이다. 하루 종일 지하철과 경전철을 타며 세상 구경이 신난 아이를 보는 것이 일곱 번째 기쁨이요. 4살이 되자 계절에 따라 곤충박물관, 공룡박물관, 어린이 박물관 등 여기 저기 다니면서 딸기 농장, 포도 농장 등 체험놀이를 같이 하는 즐거움이 여덟 번째 기쁨이요. 5살이 되자 산에도 가고 계곡도 가서 물놀이를 하고 아이가 아내에게 즐거운 시간을 보내면서 좋아라하고 가끔 오는 외할머니 집이지만 “어느 날 외할머니 집이 얼마나 좋아?”하고 묻자 그 녀석 하는 말이 “밥 먹을 때도, 아침에 일어나서도, 유치원에 갈 때도, 공부할 때도, 친구하고 놀 때도, 자나 깨나 그립다.”고 하면서 아내의 감격 눈물을 쏟게 만드는 것이 아홉 번째 기쁨이요. 유치원에 가서 배운 것 지식과 노래를 아내 앞에서 부르며 즐거움을 주는 열 번째 기쁨을 주고 있다. 앞으로 초등학교, 중학교, 고등학교를 다니면서 같이 할 시간이 기대된다.

제 5 장

일과 처세하기

5장
일과 처세하기

1. 나의 경쟁력은 무엇인가

나의 경쟁력은 무엇일까? 가정에서는 무엇이고 사회생활을 하면서는 무엇일까? 먼저 기업의 경쟁력을 생각해보자. 기업은 이윤을 추구하는 것이 생존의 기본 요소이다. 손해를 보는 기업은 한 마디로 경쟁력이 없다고 보면 된다. 경쟁력을 상실하면 어떤 대가를 치룰까? 기업을 운영하는 하는 경영자 입장에서 가장 손쉬운 방법은 경쟁력이 없는 부분을 매각하거나 구조조정을 통한 대량의 직원해고를 통한 인건비 절감이다. 그러나 이것은 많은 부작용을 낳는다. 예를 들면 경기가 회복되면 그동안 회사의 정서와 시스템과 노하우를 갖고 있는 정작 필요한 내 직원을 다시 찾아오기란 쉽지 않다. 회사는 또 많은 시간과 비용을 들여서 직원을 내 사람으로 만들어야 한다. 그럼 직원과 회사가 상생할 수 있는 윈윈 전략은 무엇일까? 경영자와 직원 간에 협의를 통해 회사의 고객 위주의 제품을 재정비하여 경쟁력을 확보하고 공장운영의 효율화를 위한 재점검을 하고 회사 내 모든 낭비요소를 최소화함으로써 그 절약한 비용을 가지고 미래에 대비한 교육 시스템을 강화하여 재교육을 실시하여 직원의 기량 향상을 위해 노력하는 것이 답이다. 아울러 노사가 협력하여 임금을 삭감하여 서로의 고통을 감내하여 직원을 줄이지 않고 경영을 하는 것이 최선의 방책일 것이다. 국내나 외국의 훌륭한 기업은 철저한 자기 관리를 할 수 있도록 직원을 관리하고 외부청탁이나 비리를 근절시키는 정도 경영을 추구하는 기업이다.

그렇다면 가정에서의 경쟁력은 무엇인가? 답은 간단하다. 남편으로서 아내로서 가정의 역할에 충실한 것이다. 예전에는 남편이 가장으로서 경제를 책임지고 아내는 가정에서 아이와 가사를 돌보는 시대였지만 지금은 남녀 구분이 없다. 물론 아직도 남편이 경제를 책임지고 아내가 육아와 가사를 책임지는 것이 많은 시대이긴 하지만 둘 중에 누가 가장 잘하는 부분에 힘을 실어 주고 적절한 가사 분담을 통해서 단란한 가정을 꾸미는 것이다. 아내가 돈 버는 능력이나 기술이 좋다면 남편은 가사를 전담하는 것이 이제 일상이 되어 버린 시대가 되고 있다. 가정을 지키는 가정 중요한 요소는 누구든지 돈을 벌어오고 가사를 돌보는 것이 똑 같이 중요한 일이기 때문이다. 어느 하나가 소홀해지면 근본을 이루는 가정의 해체가 이루어지는 각박한 현실도 우리 주변에서 종종 볼 수 있다. 남편과 아내의 역할은 뭐라 할 것 없이 반반이 합쳐져서 하나의 온전한 가정을 이루는 것이다.

나의 경쟁력은 무엇일까? 다가올 미래에 대한 목표와 계획을 갖고 사는 것이다. 끊임없이 자기 개발을 위하여 공부하고 노력하는 것이다. 직장생활을 한다면 자기 역할을 다하고 동료들과 원만한 상호 교류를 통해 능력자로 인정받고 회사가 요구하는 미래 비전을 달성할 수 있도록 교육이나 자기 개발을 하는 것이다. 말은 쉽다. 그러나 실천을 쉽지 않다. 그렇지만 그런 노력을 경주하는 사람만이 사회의 지도자로 가정의 수호자로 성장할 수 있다는 것은 분명하다. 또한, 가정생활이든 사회생활이든 항상 머리와 가슴을 긍정적인 에너지로 가득 채워 어느 순간이라도 부정적인 생각은 하지 말아야 한다. 낙관적인 사람과 교류하고 부정적인 사람과는 함께 해서는 안 된다. 잘되는 사람은 잘되는 사람과 소통한다.

2. 좋은 직장이란 무엇인가

직장을 선택하는 요소는 여러 가지이다. 급여가 좋은 직장, 복지혜택이 좋은 직장, 근무하기가 편한 직장, 분위기가 왠지 맘에 드는 직장 등 다양하다. 그럼 직장이란 어떤 곳일까? 본인의 일을 성취하고 싶은 곳이 가장 중요할 것이다. 과연 그럴까? 하고 싶은 꿈을 실현하기 위하여 들어간 직장에서는 얼마나 만족감이 있을까? 요즈음은 회사를 들어가 1년 이내에 무려 35%이상의 신입사원이 여러 가지로 맞지 않아 그만 둔다고 한다. 신입사원으로 입사해서 회사의 사정을 잘 모르며 오직 정열과 돈 버는 재미와 결혼의 필수 조건인 직장을 다니며 회사가 요구하는 모든 것을 충족시키기 위해 목줄을 회사에 맡긴 채 다닌다. 몸이 아파도, 가기 싫어도, 날씨가 좋지 않아도, 가지 못하는 여러 가지 조건이 있어도, 단 하루만 자리를 비워도, 내 일을 남이 맡아 대체해주기가 쉽지 않은 게 현실이다. 그렇게 지내다 보면 회사가 경쟁제품이 출시되어 매출이 급감하거나 회사의 대표가 횡령을 하거나 등등 어려운 환경에 처해져 어느 날 갑자기 부서가 없어져 갈 곳을 몰라 전전하기도 하고 원치 않았던 퇴사를 해야 하기도 하며 긴 인생 여정 동안을 하루 앞도 못보고 정신없이 다닌다. 모든 직장인들의 어려움이 회사가 어려움에 처하면 모여서 서로의 앞날을 걱정하고 이직이라는 결정을 하면서 참으로 많은 마음고생을 한다.

내가 신입사원으로 들어 온 회사에서 30년의 평생을 보내는 경우는 100명중 1명도 없다. 1000명중 5명 정도라고 본다면 무리가 없을 것이다. 그 만큼 긴 인생이란 여정 중에서 많은 사람들이 적게는 2~3번, 많게는 10번 정도의 이직을 하며 직장 생활을 하게 된다. 그럼 그렇게 근무한 직장 중에서 30년이 지난 시점에서 만나는 직장 동료는 몇이나 될까? 직장에서 퇴사를 하게 되면 같이 근무한 직장 동료들과 길게는 1년 정도 교분을 유지하고 지내기도 한다. 그러나 세월이 지나다 보면 이웃집보다도 못한 1년에 한 번도 만나기가 어렵고 급기야는 우연히 길거리에서 만나 반가움을 표시하는 정도가 대부분이다. 젊어서 퇴사를 해보면 그 회사하고는 그리고 같이 일했던 동료들과는 남보다 못한 처지가 된다. 아무리 동정어린 시선으로 퇴사를 해도 친한 동료끼리는 처음 1~2달은 서로 이해관계가 있어 전화도 하지만 이내 연락이 끊겨 버리는 것이 아주 자연스런 현상이다. 이것이 현실이다. 한 직장에서 30년을 근무했다면 어떨까? 말 그대로 산전수전 공중전까지 이겨내고 다닌 그야말로 '직장의 신'이다, 그만큼 안정적으로 다녔으니 원도 한도 없을 것이다. 공무원이나 선생님처럼 정년퇴직을 하는 일부 직장은 다양한 방식으로 그들만의 연결고리를 만들어 정기 모임을 만들어 우애를 다지는 다양한 활동을 한다. 그러면 회사는 어떨까? 특별한 인연으로 맺어지지 않으면 서로간의 만남은 없다.

그럼 좋은 직장은 무엇일까? 내가 생각하는 좋은 직장이란 선후배간의 인화(人和)가 있는 직장이다. 좋은 직장을 선택하는 기준은 회사 동료들이 얼마나 오랜 기간 회사에 근무했느냐고 생각한다. 적어도 수십 년씩 다닌 선배들이 있다면 그 직장은 내공도 있고 부서 내에 선후배간 동료간 의리도 있다. 오랫동안 근무하면서 여러 가지 근무 형태가 있기 마련이다. 한 부서나 본부에 입사를 하면 거기에 근무하면서 조직이 크면 본부순환근무 예를 들면 해외나 국내 지사나 공장 등을 하게 되며 서로간의 좋고 나쁜 추억을 쌓게 마련이다. 그런 과정에 서로 친목을 다질 수 있는 다양한 활동도 하게 되고 직장에서 일어났던 일들을 화제로 하여 추억을 회상하며 '그때는 그게 최선이었어! 아냐 그때 이렇게 해봤으면 어떠했을까?' 등 화제 거리를 나누며 무심한 시간의 흐름에 소주 한 잔 기울이며 추억에 젖기도 한다. 예전에는 대기업의 경우 그룹의 총수에 따라 회사의 경영 방식이 확연히 달랐다. 현대의 정주영 회장은 뚝심의 불도저 경영, LG의 구자경 회장은 온건한 이미지 경영, 삼성의 이병철 회장은 기술 혁신 경영, 쌍용의 김성곤 회장은 인화정도경영 등 회사를 운영하는 색깔이 달랐다. 지금의 대기업은 창업주가 2~3세에게 물려주면서 분사가 되고 어려운 환경에서 보다 선대가 다 이루어 놓은 회사를 수성하기 바쁘다. 일부 그룹 회사들은 창업한지 30년도 안되어 경영난에 봉착하여 없어진 기업이 부지기수이다. 오늘날 많은 기업의 문제는 대우가 좋지 않아 인재가 머물지 않는 것이 아니라 물질적인 수단만 있고 정신상의 정체성이 없어서 인재가 머물지 않는다.

직장이란 내 가정만큼이나 중요하다. 모두 최선을 다하여 일하는 모습을 보일 때 오너나 직원이나 행복한 것이다. 회사도 생명체는 아니지만 우리는 회사를 생명체가 존재하는 법인이라고 말한다. 이제 막 창업하는 회사라도 사람을 중시하고 회사를 투명하게 경영하는 기업을 찾아 자신의 긴 인생을 투자하는 것이 중요하다고 생각한다.

3. 직장생활을 어떻게 해야 할까

학교를 졸업하고 직장을 선택하는 것이 인생의 시발점이다. 어느 직장을 선택하느냐가 한 인간의 평생을 좌우할 수 있다. 직장은 시대와 환경이 변하는 대로 변화무쌍하다. 사람들은 성격이나 일의 성향에 따라서 직장을 옮긴다. 처음에 입사를 결정할 때 많은 망설임이 있다. 여기가 나에게 맞을까? 보수는 여기가 좋은 것 같은데? 집에서 여기가 더 가까운데? 등 본인이 입사해서 만족할 수 있는 직장인가? 아니면 1년도 안되어 여러 가지 이유로 퇴사를 강행하며 회사에 대한 인식에 대한 변화와 사회에 대한 냉혹함과 직장생활을 하면서 벌어진 사람과의 관계 등 쓴 맛을 보게 되는 경우가 적어도 40%이상 된다. 그렇다면 나머지 60%는 직장에 적응하면서 만족감을 느끼고 잘 다니는 걸까? 천만의 말씀이다. 직장인들에게 질문을 던지면 90%의 직장인이 하시라도 조건만 맞으면 직장을 옮기고 싶어 한다. 왜 그럴까? 내가 잘못해서 그런 걸까? 아니면 회사가 잘못해서 그런 걸까? 사람마다 처해 있는 위치는 다르겠지만 내 잘못보다는 회사 탓이 더 클 것이라 생각한다. 회사에 다니는 여러 조건들이 만족스럽지 못하기 때문에 이직을 생각하는 것임엔 틀림없다.

그렇다면 직장생활을 어떻게 하는 것이 신명나게 직장을 다니며 바람직할까? 그 어려운 문제를 풀어보자. 여러 가지 사례가 있겠지만 크게 나누어 두 가지로 분류할 수 있다. 하나는 돈에 역점을 두는 것이다. 돈을 많이 주는 조건이 맞는 회사로 이직하여 아무 불평 없이 다니는 것이다. 돈을 많이 준다면 많은 일을 가혹하게 시킬 것이다. 그 여건에 본인이 맞춰야 한다. 왜냐하면 돈을 많이 주니까 노예처럼 시키는 대로 다 하면 후회는 없다. 운이 좋으면 승진도 잘 되고 누구보다도 높은 성취감을 느낄 수 있다. 다른 하나는 무엇일까? 그것은 본인이 하고 싶은 일을 찾아가는 것이다. 사람마다 꿈과 이상이 있고 목표가 있다. 목표를 정하는 사람의 성공 사례는 많다. 목표를 세우는 사람들이 성공의 지름길을 간다. 자신의 인생목표와 비전에 대해서 설계를 한 사람은 1/100, 설계를 하고 의지를 가지고 노력한 사람은 1/1,000, 즉 설계를 하고 노력한 자는 1/100,000에 불과하다는 것이다. 사람에게 주어진 시간은 누구에게나 같다. 그러나 성공하는 사람은 대부분 역경을 이겨내고 미래를 위하여 시간을 쓰는 방식이 다르다는 것이다.

☞ 스티브 잡스가 행한 '스탠포드 대학교 졸업식 연설'은 전 세계 젊은이에게 감동을 주기에 충분했다. 왜냐하면 그는 어린 시절 버려져서 입양아로 지냈고, 오리건 주 포틀랜드에 있는 리드대학교를 1학년에 중퇴하였으며, 친척의 차고에서 애플사를 창립하여 매킨토시 컴퓨터를 만들고, 금세기 최고의 아이폰(iPhone)을 만들어 세계 최고의 기업으로 만들었다. 그는 축사에서 첫째, 대학에서 청강으로 캘리그래피(calligraphy, 글자를 다루는 시각 디자인의 한 분야)를 듣고 매킨토시 컴퓨터에 글자체를 도입하는 계기를 만들면서 자신이 가진 소중한 경험들을 성공적으로 연결시키는 것이 중요하다고 역설했고 둘째, 자신 만의 독선적인 카리스마로 자신이 창립한 애플사로부터

쫓겨난 적이 있으나 절치 부심하여 다시 돌아와 아이맥(iMac)을 출시하여 이 제품이 인기를 끌며 애플사는 다시 확고한 기술적, 재정적 기반을 확보하였고 제품 개발을 통해 아이폰이라는 금세기의 가장 뛰어난 혁신 제품으로 전 세계인으로부터 사랑을 받았으며 셋째, 사망률이 가장 높은 췌장암 발병에도 불구하고 죽음이라는 위협 앞에서 굴복하지 않고 노력을 했다는 것이다. 애플사의 사훈은 'Think Different!'(다르게 생각하라!)이다. 그가 마지막으로 남긴 "Stay Hungry, Stay Foolish!" 는 졸업을 하는 '젊은 그대들이여, 미래를 위하여 지금 당장은 배고프고 힘들겠지만 꿈을 이루기 위해서는 시간이 너무 부족하기에 바보처럼 열심히 노력하라'는 메시지를 전하고 싶었을 것이라 생각한다.

4. 사람이 살면서 처세는 어떻게 해야 할까

인간 사이의 감정에는 '좋아하는가? 신임하는가? 필요한가?' 세 가지가 있다. 공자는 네 명의 붕(朋, 벗), 안연, 자공, 자장, 자로가 있다. 현대인도 회사 동료, 대학 동기, 사업 동료가 있지만, 마음을 나누고 대화하며 뜻이 통하고 오랫동안 만나지 못해도 마음으로 항상 가까운 친구가 있어야 한다. 이런 친구가 있을 때 삶이 적막하지 않을 것이다. 이러한 덕목을 삼국시대 정치 초년시절 유비는 가지고 있었다.

☞ 유비가 초야에 묻혀 짚신을 만들어 팔며 가난한 삶을 살다가 한나라 조정의 무능으로 황건적의 난이 일어나면서 난세가 시작되자 관직을

얻고 촉한을 세우기까지 살펴보자. 유비는 도원결의로 관우와 장비를 의형제로 삼았다. 관우전(關羽傳)에 보면 "유비가 평원상이 되자 관우와 장비를 별부사마로 삼고 부곡을 나누어 통솔하게 했다. 유비는 두 사람과 같은 침상에서 잤고 은혜가 형제와 같았다. 그리고 여러 사람이 함께 있는 자리에서는 관우와 장비는 종일 시립(侍立)했고, 유비를 따라 다니며 적과 싸우면서 고난과 위험을 피하지 않았다" 이는 친(親), 경(敬), 충(忠)으로 신의가 두텁고 언행이 일치하고 표리가 들어맞는 사람만이 얻을 수 있다. 재부(財富)가 최고가 아니라 붕우(朋友)가 최고의 재부인 것이다.

유비는 유자평의 추천으로 황건적 장순을 토벌하기 위해 100명 군사를 이끌고 전장에 나가 위급해지자 말에서 떨어져 죽은 체해서 모면했다. 그 후 몇 차례 교위 추정의 군대에서 전투성과를 올려 안희현 위(치안담당)로 첫 관직을 시작했다. 위가 되자 유비가 독우를 공적인 일로 만나고자 하였으나 독우가 뇌물을 바라는 등 만나주지 않자 곤장 200대를 때리고 관직을 버리고 달아났다. 그 후 동문수학한 공손찬에게 가서 별부사마로 임명되고 계교전투에서 원소를 이겨 평원령에 임시로 봉해졌다. 유평이 객을 시켜 유비를 의심하여 죽이려 하였으나 유비가 객을 진심으로 잘 대해주자 스스로 살인을 하기 위해 온 것이라는 자백을 하고 떠났다. 조조가 연주자사로 부임하여 아버지 조숭과 일가를 데리고 연주로 오던 중 도겸의 수하 장개가 이들을 죽이자 조조는 부친의 복수를 위해 서주를 공격하고 유비에게 도겸이 서주자사를 유비에게 맡기자 진등, 미축, 북해상 공융의 도움으로 3번의 거절 끝에 승낙을 하여 거병후 10년만인 34세의 나이로 서주자사를 맡았다. 유비는 출도이래 공손찬, 도겸(서주), 원소(기주),

조조, 여포에게 의탁을 했다.

한나라 말기 난세에 유비는 인화를 바탕으로 도원결의를 통해 장비와 관우를 만나 많은 전장을 누볐으나 앞길이 안보이자, 207년 47세의 나이로 제갈량이라는 책사를 삼고초려를 통해 자기 사람으로 만들어 천하삼분지계(天下三分之計)라는 원대한 계획을 세웠다. 적벽대전에서 손권과 같이 조조를 격파하고, 유표를 도와 형주를 얻었고, 유장을 도와 장로를 방비하면서 익주를 취해 220년에 촉한을 세웠다.

5. 직장을 다니면서 돈을 번다는 것이 조선시대 노비보다 못하나

돈이 인간을 지배하는 시대는 지금부터 2100년 전 사마천(司馬遷)의 사기(史記)를 보면 알 수 있다. 기원전 91년에 완성된 동양 역사서의 근간이자 인간학의 보고이며 중국의 사상가 겸 문학가 노신(魯迅)이 '사가(史家)의 절창(絕唱)'이라 극찬한 사기의 화식열전(貨殖列傳)에 나오는 제(齊)나라 관중(管仲)의 말 중에 '창고가 가득차야 예절을 알고, 먹고 입는 것이 넉넉해야 영욕을 안다.'(倉庫實而知禮節 衣食足而知榮辱), '평범한 사람들은 상대방의 재산이 자기보다 열배가 많으면 헐뜯고, 백배가 많으면 두려워하고, 천배가 많으면 그의 일을 하고, 만 배가 많으면 그의 하인이 되는데 이것이 사물의 이치다.'(凡編戶之民 富相什則卑下之 伯則畏憚之 千則役 萬則僕 物之理也)는 인간의 행위는 자연스러운 본능이라고 본다.

지금부터 800년 전 조선 왕조가 문화적 사회적으로 축적되어 알게 모르게 우리 민족은 현대사회에 까지 밀접하게 연결되어 있다고 서울대 경제학과 이영훈 교수는 주장하고 있다. 조선왕조시대에 노비제도가 있었다. '입역노비(立役奴婢)와 납공노비(納貢奴婢)'로 두 부류가 있었는데, '입역노비'는 주인집에서 노역을 하고 같이 살았다. 그러나 '납공노비'는 주인집과 멀리 떨어져 살며 독립적인 생계를 유지하면서 사실상 지역공동체 성원으로 존재하면서 살면서 주인집이 아닌 지방의 도처에 주인을 위해 있는 노비로 주인이 지방에 가면 수발을 들고 몸값으로 1년에 무명 1필(쌀 두 섬)을 바쳤다고 한다.

양반은 과거시험을 통과하여 왕으로부터 살 집과 전답과 일을 하는 노비를 하사받았다. 노비는 경국대전에 노비문서와 666명의 노동 가치를 지닌 말 한필 가격과 같았다고 한다. 한 번 노비는 영원한 노비였고 해방되는 방법이 없었다고 한다. 양반의 상속문서에는 재산으로서 제일 먼저 노비를 적고 그 다음이 토지재산이었다. 노비의 인구는 전체인구의 40% 정도다. 참고로 로마시대에는 노예가 30%선이었다고 한다. 종천법(從賤法)은 아버지나 어머니 중에 한명이 노비면 그의 자식들도 노비였다. 노비를 죽인 다해도 주인에 대한 법적인 대항능력이 없었다. 그러나 이런 노비에게도 대하는 양반의 최소한 의무가 있었으며 노비에게는 월료(월급)과 봄가을에 옷을 주고 그 식솔을 다 먹여 살렸으며, 노비가 양민과 결혼을 하면 혼수비용을 주었다고 한다. 적어도 먹고 입고 사는 것은 양반이 책임진 것이다.

현대 사회는 자본주의 시대로 돈이 지배하는 시대로 바뀌었다. 이렇게 돈을 벌어야 생활을 영위할 수 있는 직장인을 보자. 직장인은 회사에 근무하며 회사의 규정을 준수하고 일을 한 대가로 봉급만 받는다. 그 봉급으로 가족을 부양하고 살 집을 마련하고 결혼 비용을 조달한다. 회사의 규정이 무엇인가? 새벽부터 늦은 밤까지 회사가 요구하는 대로 일을 해야 하며 규정에 따라 자신의 의지와는 다르게 한 마디로 목줄을 휘두르는 회사의 요구에 순응해야 직장생활을 할 수 있다. 가족을 부양하는 모든 책임을 본인이 져야 한다. 직장인과 조선시대의 노비와 비교해 과연 무엇이 다를까?

6. 대인관계는 어떻게 해야 하나

대인관계에서 가장 중요한 것은 무한한 포용력과 오픈 마인드이다. 칠레의 여성 대통령 미첼 바첼레트는 피노체트 군사정권 당시 억울하게 죽은 아버지의 한을 보복으로 갚지 않고 포용력으로 감싸 안았다. 개인의 일보다 정적을 용서함으로써 국가와 국민을 위한 결단을 통해 국정을 안정시키고 국민에게 희망을 주었는데 그녀는 퇴임시 84%라는 높은 지지를 받았고 국민들은 재선이 불가한 제도상의 이유로 그녀에게 다음에 다시 출마하면 대통령으로 선출하겠다고 약속했다. 2013년에 다시 대통령으로 출마하자 국민들은 퇴임 때 그녀에게 한 약속을 지켰고 재선되었다. 이러한 결과는 남자도 하기 어려운 포용력의 힘이다.

오픈 마인드란 간단히 말해서 남의 말을 들어주는 것이다. 남의 말을 잘 들어주어 성공한 사람이 데일 카네기이다. 미국 미주리 주 매리 빌에 있는 한 농장에서 태어났다. 워런스버그 주립 사범대학을 졸업한 후 네브래스카에서 교사, 세일즈맨 등으로 사회생활을 하면서 수많은 실패를 경험했다. 어느 날 그는 여행을 하면서 생물학자와 이야기를 하게 되었는데 관심분야가 아니었으나 무려 4시간 동안 그의 이야기를 들어 주었다. 그러면서 그는 자기도 모르는 사이에 자신을 안다고 하는 사람들이 많아졌는데 그 이유를 알아보니 많은 네트워크를 가진 생물학자가 자신의 이야기를 장시간 경청해준 데일 카네기를 칭찬하고 다닌 것이었다고 한다. 1912년 뉴욕 YMCA에서 성인을 상대로 하는 대화 및 연설 기술을 강연하게 되면서 그의 이름이 알려지게 되었다. 사례 중심으로 펼쳐지는 그의 강의는 선풍적인 인기를 끌었다. 카네기는 이 모든 인간관계 원리를 1936년에 출간한 책『카네기 인간관계론』(How To Win Friends And Influence People)은 성공적인 인간관계 원리를 제시해 주었으며 전 세계적으로 6천만 부나 판매되는 경이로운 기록을 세운 바 있다.

성공한 지도자들은 세 가지 유형이 있다. 첫 번째는 정서로 리드하는 사람으로 좋아하는 일은 하고 좋아하지 않는 일은 하지 않는다. 이런 유형의 사람은 단지 평범한 사람들의 작은 일만 수행을 할 수 있다. 두 번째는 사마의와 같은 사람으로 머리로 리드하는 사람으로 논리와 판단력이 있어 일을 할 때 이해분석을 잘하여 이익은 따르고 해되는 것은 피하며 심기와 지략이 있는 사람이다. 이런 유형의 사람은 큰일을 할 수 있다. 세 번째는 제갈량과 같은 사람으로 마음으로 리드하는 사람으로 신념과 이상을 가지고 있어 일을 할 때 가치관을 기준으로 삼는다. 응당 해야 할 일을 하고 설령 성공하지 못해도 해야 할 일을 했으니 후회하지 않는 사람이다. 이런 유형의 사람은 위대한 사업을 이룰 수 있는 사람이다.

7. 지도자가 지켜야 할 덕목은 무엇일까

지도자가 조직의 간부를 어떻게 대할 것인가? 지도자는 가장 먼저 인간관계의 압박, 성과 목표의 압박, 가정생활의 희생으로부터 얻어진 압박 등 그들의 주변에는 온통 스트레스로 인한 가장 쉽게 상처 받을 수 있다. 즉 지도자는 어떤 면에서 보면 깨지기 쉬운 약자이다. 지도자는 항상 사심이 없고 중도를 지키고, 세상의 흐름에 대한 변화를 일찍 파악하고 많은 의사 결정을 내려야 한다.

조직행동학 이론에 의하면 업무에는 '임무행위'와 '관계행위'가 있다. 임무행위는 자료, 업적, 업무량을 완수하고 이를 보고하는 행위이며, 관계행위는 상하좌우의 관계를 잘 처리하여 동료나 아랫사람에게 인정을 받는 것이다. 성공하기를 원한다면 이 두 가지 관계를 잘 해야 한다.

중국 고사에 관중과 포숙아를 살펴보자. 춘추시대 제나라 재상 관중이 병이 들었다. 제 환공은 포숙아를 임용해 관중을 대신하려했다. 포숙아는 관중의 가장 친한 친구이자 관중의 은인이었다. 그러나 뜻밖에도 관중은 포숙아의 임명을 단호히 반대하였다. 그의 단호함에 제 환공조차 놀랐다. 이는 사실 사사로운 감정이나 이익을 보면 관중이 포숙아를 추천하는 것이 개인적으로 이기적일 수 있고, 친구와의 의리를 볼 대는 친구의 소원을 들어주는 것이며, 크게 천하에 이름을 떨치는 것이었다. 관중은 백성과 사업의 관점에서 간부를 보았지 개인의 감정과 사사로운 이익의 관점에서 보지 않았다. 공적인 일을 하려면 개인의 사리를 섞어 일을 하지 말아야 한다. 이것이 지도자가 지녀야 할 태도로 '소아(小我)가 아닌 대아(大我)의 관점'에서 사람을 보아야 한다.

만장일치는 속임수이거나 편견일 뿐이다. 지도자는 다른 목소리를 경청해야 한다. 믿을 만한 사업은 여러 의견을 참고해야 한다. 남이 비판하는 소리를 듣는 경지에 대해 보자. 첫째, 비판을 들으면 기쁜 마음이 들고,

맞지 않은 말이라면 참고만 하고 맞는 말이라면 개선하는 사람이 성인이다. 둘째, 비판을 들으면 기쁘지는 않지만 마음을 비우고 고치기 위해 노력하는 사람은 고인(高人)이다. 셋째, 비판을 듣고 마음이 불편해지고 듣고서도 아무런 개선을 하지 않으며 머리만 아픈 사람은 평범한 사람이다. 넷째, 비판을 듣자마자 화가 머리끝가지 치밀지만 웃음 속에 칼을 숨기고 보복할 생각을 하는 사람은 악인이다. 악인이 최종적으로 해를 끼치는 사람은 남이 아니라 바로 자신과 자신의 사업이다.

당태종 이세민은 "십 년간 좋은 일을 해도 이를 아는 이는 적지만, 하루라도 나쁜 일을 하면 천하 사람들이 다 알게 되는데 그렇지 아니한가?"

8. 지도자의 기본자세는 무엇인가

누구든지 지도자가 되고 싶어 한다. 무력으로 지배하는 지도자도 정신적으로 지배하는 자를 당할 수 없다. 특히 가정에서 지도자가 되는 일은 어려운 일이다.

지도자가 필수적으로 갖춰야 할 다섯 가지 기본자세에 대해 『상서』(尙書) 홍범(洪範)에 '용모(貌), 말(言), 보는 일(視), 듣는 일(聽), 생각하는 일(思)'이라고 설명하고 있다. 용모란 얼굴빛과 몸가짐이 바르고 단정해야한다. 이럴 때 말을 드는 사람도 신뢰감을 가질 수 있다. 말이란 듣는 사람이 조리에 맞고 타당해야 한다. 바라봄이란 항상 맑고 단정한 눈빛으로 상대방과 시선을 교감해야한다. 듣는 일은 귀에 들어오는 모든 소리를 공정하고 객관적인 태도로 경청함을 의미한다. 이는 반대하는 목소리와 듣기 싫은 쓴 소리를 들을 수 있어야 사태를 올바르게 볼 수 있다는 것이다. 생각하는 일이란 미세한 곳까지 사려 깊게 살펴야 된다는 것이다. 이러한 소통의 자세는 과거는 물론 다양한 인종과 문화가 상존하는 현대 사회에서 필수적인 것이다.

☞ 초한쟁패의 승리자는 유방이다. 유방이 한신을 소하의 추천으로 대장군에 임명하였다. 유방이 한신에게 천하를 취할 계책을 묻자 "지금 한왕 유방께서 동쪽으로 나가 천하를 다투고자 하는 사람은 항왕(항우)가 아닙니까? 대왕이 생각하시기에, 스스로 용맹하고 날래며 인자하고 강인함을 항우와 비교해본다면 어떠십니까?"라고 묻자 유방은 한참 침묵하다가 "내가 다 항우만 못하다"고 인정하자 한신은 유방에게 두 번 절을 올리고 말했습니다. "저 또한 대왕이 항왕만 못하다고 여깁니다. 그러나 신이 일찍이 항왕을 섬겼사온데, 항왕의 사람됨을 말하고자 합니다. 항왕이 노해 갑자기 소리치면 모두 놀라 감히 움직이지 못합니다. 그런 현명한 장수를 임명해 맡기지 못하니 이는 필부의 용맹입니다. 또한 사람을 대할 때 공경하고 자애롭고 화기애애하게 말을 하며 남에게 병이 생기면 눈물을 흘리며 음식을 나누어주다가도 남에게 공이 있어 마땅히 봉작해야 할 때면 인수를 새김이 각박해 어쩔 수 없이 주니 이는 이른바 아녀자의 인자함입니다. 지금 대왕께서 진실로 그 도를 바로 잡아 천하의 무용 있는 자를 임명한다면 어찌 그를 주살하지 못하겠습니까! 천하의 성읍을 공신들에게 봉해주면 어찌 복종하지 않겠습니까?" 여기서 한신이 말하고 있는 것은 조직을 거느리는 관건은 격려가 있고, 반드시 아랫사람의 욕구를 만족시켜야 한다는 것이다.

아내를 지배하려면 돈을 많이 벌어다 주는 것일까? 아니면 아내가 존경하는 남편이 되는 것일까? 고려대학교 이승환 교수는 '욜로 하다 골로 간다'는 에세이에서 "인생을 현재와 미래의 전시기에 걸쳐 안락하게 살기 위해서는 자기 자신의 이기적인 삶을 사는 욜로 족으로 인해 주변에서 피해를 보는 심각성을 일깨우고, 부부가 같이 살면서 본인으로 인해 일방적으로 희생을 강요당한 아내를 위해 더 늦기 전에 화해와 타협을 해보는 것이 바람직하다."는 말에 공감했다. 가정을 지배하는 자가 진정한 지도자인 것이다.

9. 첫인상으로 사람을 평가해서는 안 된다

사람은 다양하다. '사람을 볼 때 낮은 무대에서는 출중한 사람을 주목해야 하고 높은 무대에서는 눈에 거슬리는 사람을 주목해야한다'는 볼품없는 사람과 사귀는 것이 좋다는 말이다. 그 이유는 볼품없는 그를 신경쓰는 사람이 없을 것이니 그는 반드시 상대를 소중하게 여길 것이기 때문이고, 두 번째로 겉모습과 달리 고위직의 신하로 온 사람은 분명 일반 사람보다 열배의 능력을 갖춘 특별한 사람일 것이기 때문이다. 『삼국지연의』에 유비와 '장송'과 '방통'의 일화를 살펴보자.

☞ 서촉의 유장이 파견한 사절이 조조에게 뵙기를 청한다는 통보를 받고 조조가 당상에 오른 장송을 보자 그 생김새가 이마는 호미 날처럼 좁고 머리는 뾰족한데다 뻐드렁니에 코는 납작하고 키도 5척이 안 되는 단신에 목소리는 마치 동종이 울리는 듯하였다. 그가 장송이었다.

조조는 장송의 외모를 보고 불쾌한 마음이 생긴데다 그의 태도 또한 공손하지 않고 말도 당돌하게 하자 도중에 퇴장해버렸다. 장송은 일반인이 감당하기 어려운 익주별가의 벼슬을 하고 있었다. 조조가 옷소매를 뿌리치고 나가자 주부 양수가 장송을 접대하면서 『맹덕신서』라는 책을 보이고 소감을 묻자 장송이 일별을 하고 크게 웃으며 "이 책은 전국시대 무명씨의 저작인데 조 승상께서 베껴 자기 것으로 삼았소. 다만 그대를 기만했을 뿐이요! 승상께서 비장한 책이라 비록 한 질을 만들었으나 아직 세상에 전하지 않았소!"라고 하자 양수가 "공께서 촉 땅의 아이들도 줄줄이 암송한다고 말씀 하시다니 어찌 이를 속이려 하시오?"라고 하자 장송이 "공께서 믿지 못하시겠다니 암송해보리다."면서 곧 처음부터 끝까지 암송하는데 한 자도 틀리지 않아 양수가 크게 놀랐다.

장송이 유비를 만나는 과정은 멀리까지 마중 나가 가까이에서 영접하였다. 장송은 촉으로 돌아온 후 유장에게 조조와의 관계를 단절하고 유비와 우호관계를 맺도록 설득했다. 유비와 헤어지고 돌아온 장송이 유장에게 3가지 계책을 내놓았는데 첫 번째는 유장에게 북쪽 조조에게 저항하라는 건의와 두 번째 계책은 동쪽 유비와 동맹하라는 것이고 세 번째 유비가 서촉으로 들어오는 것을 영접하고 서촉의 북쪽 방어를 맡기라는 건의를 했다. 유장은 장송의 건의를 믿고 유비가 익주로 들어오는 것을 받아들이기로 결정하였다.

☞ 손권이 방통을 보자 짙은 눈썹에 들창코요, 시커먼 얼굴에 짧은 수염을 달고 있어 생김새가 기이하여 마음이 탐탁지 않았다. 손권이 "공은 평생 무엇을 공부하셨소?"라고 묻자 방통은 "한 가지에 얽매이거나

고집할 필요 없이 상황에 따라 변화에 대응할 뿐입니다." 그러자 손권이 또 물었다. "공의 재주와 학문은 공근과 비교하면 어떠하오?" 방통이 "제가 배운 바는 공근과는 크게 다릅니다." 손권이 평생 주유를 가장 좋아했는데, 방통이 그를 경시하자 마음이 적이 불쾌했다. 한참을 지나 방통에게 "공은 잠시 물러가시오. 공을 써야 할 때가 있으면 다시 부르겠소." 이렇게 방통은 재주는 있지만 사람들이 좋아하지 않는 전형적인 사람이었고 윗사람에게 준 첫 인상이 매우 나빴다.

서기 208년 유비가 적벽대전에서 승리하자 이해 봄에 장비가 뇌양에 파견되었다. 그의 신분은 사방순사로 유비가 특별히 현지 간부를 시찰하는 책임을 맡긴 것이다. 210년 장비가 맞이한 사람은 한 사람의 취객인 방통이었다. 흐리멍덩한 옷에 관은 삐뚤어지고, 허리띠도 매지 않은 채, 얼굴은 시커멓고, 입 안 가득 술 냄새를 풍기고 비틀거리는 꼴이 아주 익살스러웠다. 장비가 노발대발하고 있었지만 이 사람은 전혀 개의치 않고 눈을 가늘게 치켜뜨고 입가에 웃는 듯 마는 듯 미소를 짓자 장비가 화가 끝까지 올라 얼굴이 새빨개지며 거친 숨을 몰아쉬었다. 방통은 자신이 불공정한 대우를 받고 있다고 생각했다. 방통은 원대한 포부를 펼칠 것을 기재하며 호방한 마음으로 유비에게 의탁하였으나 유비는 외모로 사람을 취하여 그에게 100리의 작은 뇌양현을 맡겼다. 장비의 보고를 받은 유비는 방통을 뇌향현의 현령직을 면직하자 이 소식을 접한 동오의 대도독 노숙은 유비에게 편지를 쓴다. "방사원은 백 리를 다스리는 재원이 아닙니다. 마땅히 치중이나 별가의 직을 맡겨 처음부터 그 뜻을 펼 수 있게 해야 합니다." 본래 방통이 유비를 만나러 왔을 때 노숙과 제갈량의 추천서를 가슴에 품고 있었지만 이를 꺼내 유비에게 보여주려 하지 않았다.

유비는 노숙의 이 편지를 받고 태도가 바뀌게 된다. 바로 그대 제갈량이 돌아와 유비에게 "방군사는 요즘 잘 지내십니까? 방사원은 백리지재가 아닙니다. 가슴 속에 든 배움은 저보다 10배 낫습니다. 저는 일찍이 그를 천거하는 글을 써주었는데 주공께서는 아직 받지 못하셨습니까?"라고 하자 유비는 공명의 설득으로 갑자기 깨달음을 얻어 곧바로 장비에게 뇌양현을 찾아가 방통을 형주로 청하게 한다. 그리고 둘 사이에 깊은 이야기를 나누고 그를 큰 그릇으로 여겼다. 그러고는 방통을 부군사중랑장으로 삼아 공명과 함께 전략을 내고 군사를 조련하게 하였다.

10. 사람을 잃으면 모든 것을 잃는다

우리는 사람 사는 세상에 살고 있다. 서로 부딪치며 살고 있는 것이다. 그런데 정작 그 세상에 살고 있으면 사람의 소중함을 모른 채 살아간다. 서로 경쟁하고 서로 질시하고 서로 의견이 맞지 않으면 다투며 잠시 스쳐가는 사람으로 산다.

회사에서도 마찬가지다. 직원으로서 동료로서 같이 근무할 때는 그 많은 시간을 같이 하면서 의리를 다지지만 정작으로 퇴사를 하면 가까운 이웃보다 못한 존재가 되어 버린다. 회사를 운영하는 경영자는 회사의 발전을 위하여 그 자리에 가기까지 수많은 동료를 밟고 올라온 것은 분명하다. 그 와중에 실적이라는 미명아래 동료에게 상처를 주고 가족에게 상처를 주고 그 자리에 올랐다. 재직 기간 중에는 출세한 사람으로 세상을 가진 것처럼 부러운 것이 없었겠지만 그 자리에서 내려오는 순간에 그동안 자신의 삶을 돌아보면 내가 무엇을 위해 일해 왔는지 너무 허망할지 모른다. 대기업 경영자는 회사가 위기를 맞을 때마다 구조조정을 하며 직원들의 가족들을 해산시키고 일부 중소기업 경영자는 자신의 말이 법이고 자신의 경영 방식이 최고라며 직원들을 가족의 일원이 아니라 하나의 소모품 정도로 여기고 자신의 영달을 위해 온갖 반감을 사는 행위를 아무런 죄의식 없이 해온 것은 사실임을 인정해야한다. 물론 일부 경영자들은 직원을 자신과 같은 존재로 인식을 하여 회사를 운영해왔겠지만 내 경험을 비추어 볼 때 과연 몇 명이나 그렇게 해왔을까 하는 생각도 든다.

사람과의 관계는 밉든 좋든 적어도 10년 이상의 관계를 지속적으로 이어옴으로써 진정한 밀착관계가 형성된다. 오랜 친구가 좋다는 것은 서로를 이해해 줄 상대이기 때문이다. 가정을 잘 다스리는 자는 자식들에게 존경을 받는다. 이 세상에서 가장 힘든 것이 가정을 운영하는 것이다. 왜 그럴까? 싫든 좋든 가족이기에 마음대로 하지 않기 때문이다. 대학(大學)에 "스스로 마음을 다스리고 가정을 안정시킨 후에 나라를 다스리고 천하를 평정한다는 말"(修身齊家治國平天下)이 있다. 회사를 잘 운영하는 자는 직원들에게 존경을 받을 수 있을까? 이는 거의 불가능에 가깝다. 윗사람으로써 아래 직원에게 요구하는 것은 회사의 이익을 위해 직원들의 피와 땀을 착취한 결과가 아닐까? 같이 근무한 직원이 내 가족일 수는 없다. 그러나 최소한 그러한 대우를 해야겠다는 생각은 가져야 한다. 이는 세상의 이치이기 때문이다.

회사를 경영하는 사장이 직원을 대하는 데 있어 한 번 뱉은 말은 반드시 책임을 져야한다. 직원들은 사장의 말이 신뢰의 기초라고 생각하기 때문이다. 예를 들어 영업직 직원들에게 목표달성을 하면 성과급을 주겠다고 강조했다면 설령 회사가 경영수지상 적자가 났더라도 목표를 초과 달성한 영업직원에게는 성과급을 지불해야한다. 만약에 이를 어기면 경영자와 직원 간에 신뢰가 무너지고 회사에 대한 불신이 커져 환경이 더 나은 회사로 이직을 생각하게 된다.

피터 드러커는 경영자의 덕목은 천재적인 재능보다 훌륭한 성품이 더 중요하다고 말하고 있다.

11. 자기 통제를 잘한다는 것이 무엇일까

중국 삼국시대에 사마의(司馬懿)는 위나라 대군사(大軍師)로 위왕 조조, 조비, 조예, 조상 등 4대에 걸친 기간 동안 책사로서 지내고 후에 사마가문을 서진건국의 기초를 세우고 황제 집안으로 일으켜 세웠다.

사마의는 할아버지 사마준은 영천태수, 아버지 사마방은 낙양령인 좋은 가문에서 출생하여 총명하였다고 한다. 인재 발탁에 천재인 조조가 형인 사마랑을 22세에 경찰차와 수갑으로 출사를 했지만, 그의 동생인 약관 20세인 사마의를 알아보고 조정에 출사를 제의하였으나 중병을 핑계로 몇 차례 거절하고 30세가 되어 조조가 갖은 협박을 하자 조정에 출사한 인물이다.

조조는 두통과 불면증으로 시달리며 매사 의심을 하는 조조가 사마의를 아들인 조비와 조식간의 왕권 경쟁구도를 만들어 조비에게 사마의를 이리가 뒤를 바라보는 반역을 꾀할 수 있는 낭고상(狼顧相)을 가졌다 하여 조심할 것을 명하였으나 2가지 자세로 피하는 지혜를 발휘했다. 첫째 겸(謙), 겸허하게 자세를 낮추고 오만하게 처신하지 않는 것, 공을 세웠어도 꼬리를 내리고 절대로 보스를 무시하지 않는 것 둘째 온(溫), 말을 온화하게 하는 것, 아무리 이치에 맞지 않아도 결코 얼굴을 붉히거나 자극적인 말을 하지 않고 나지막이 말하는 것이다. 기산에서 공성계책을 낸 제갈공명과 사마의의 대전을 살펴보자.

☞ 228년 촉나라 제갈공명이 기산(祈山)에 위치한 서성에서 2500명으로 15만 대군을 가진 사마의를 속인 공성계 사건은 참으로 대단한 사건이었다. 공명이 성에 올라 바라보니 흙먼지가 하늘을 뒤 덮고 위나라 군대는 두 길로 나뉘어 서성현으로 몰려오고 있었다. 공명은 전령에게 명을 내렸다. "깃발을 모두 숨기고, 성문을 활짝 열고, 각 문마다 스무 명의 병사를 일반 백성으로 분장하여 물을 뿌리고 길을 쓸도록 하라" 그리고 공명은 머리에는 두건을 두르고 흰 학창의를 입은 채, 두 명의 동자를 데리고 각 난간에 기대어 향을 사르며 거문고 줄을 고르는 것이었다. 마치 한가로이 바람을 쐬러 나온 사람처럼 태연자약했다. 사마의는 '성에 들어갈 것인가 말 것인가?' 고민하자 척후병이 정탐한 상황을 보고한다. "대도독께 보고합니다. 성문은 모두 열려 있고, 제갈공명은 거문고를 타고 있습니다."라고 말하자 사마의는 '웃고 믿지 않았다'고 쓰여 있다. 그러나 결국 사마의는 "이 같은 이상 행동을 하는 그대에게 속지 않겠다."며 전군의 철군했다. 그러자 제갈량은 수하에게 말합니다. " 나는 그가 평생 근신하며 위험을 무릅쓰지 않는 인물로 알고 있다는 것을 파악하고 있었기에 성문을 열어 두면 반드시 물러날 것이라고 생각했다." 사람들이 모두 탄복하며 말합니다. 누가 보면 사마의가 공명보다 못한 것으로 이해할 수 있다. 그러나 이를 통해 사마의는 "나는 공명만 못하다."라는 말을 입에 달고

다니지만 자신을 잘 이해하고 있으니 이는 분별력이 있는 것이고, 자신을 받아들이고 있으니 이는 정신이 맑은 것이고, 자신을 인정하고 있으니 이는 용기 있는 것이다.

한 사람이 이 세 가지 덕목을 모두 겸비하고 있다면 가히 불패의 경지에 이를 수 있는 것이다. 노자의 도덕경에 "남을 아는 사람은 지혜로운 사람이고, 자신을 아는 사람은 총명한 사람이다. 남을 이기는 사람은 힘이 있는 사람이고, 자신을 이기는 사람은 강한 사람이다." (知人者智 自知者明 勝人者有力 自勝者强)

미국의 인권 대통령 링컨의 소탈과 검소함, 그리고 겸허한 자세를 보자. 링컨은 손수 구두를 닦아 신는 것으로 유명하다. 그 모습을 보고 참모는 "대통령님, 대통령으로서 구두를 손수 닦으시는 모습을 보게 되면 사람들이 좋지 않게 말할 것입니다. 그것은 대통령님의 신분에 맞지 않는 행동이기 때문입니다." 이런 말을 한 이유는 링컨을 가뜩이나 시골뜨기라고 비난하는 사람들이 있었다. 링컨은 엷게 웃으며 "이 사람아! 내가 구두를 닦아 신는 게 뭐 어떤가? 대통령이라고 해서 구두를 닦아 신지 못할 이유는 없지. 안 그런가?" 이러한 말에 참모는 소박하고 겸허한 링컨의 말과 행동에 깊은 감동을 받고 더욱 더 그를 존경했다.

12. 기분이 안 좋을 때 처신하는 방법은

기분이 나쁠 때 처신하는 두 가지 방법이 있다. 하나는 '냉동법'이다. 기분이 좋지 않을 때 자신을 얼음이라고 생각하고, 단단하게 얼려 말도 하지 말고 움직이지도 말면 기분이 점점 정상으로 회복된다. 화를 불러오는 모든 행동은 화를 내기 시작한 처음 '악마의 30초'라고 불리는 30초 내외에 폭발하기 때문이다. 다른 방법은 '전이법'이다. 마음이 불쾌해서 조절할 수 없으면 바로 현장을 떠나서 환경을 바꾸어 가벼운 일을 하는 것이다. 산책을 하든지 영화를 보든지 딴 짓을 하는 것이다. 절대로 기분이 안 좋다고 말로 기분을 풀려고 해서는 안 된다. 그러므로 당시에는 통쾌하고 기분이 풀리는 말도 사후에 제일 먼저 후회할 말이 될 수 있음을 기억해야 한다. 따라서 자신의 기분을 관리하는 능력을 가져야 한다. 삼국시대의 '팽영'과 '허유'의 사례를 들어 보자. 팽영과 허유는 자신의 기분과 자신의 입을 관리하지 못한 사람입니다.

☞ 유비가 서천에 들어올 때 방통과 법정의 추천으로 팽영은 유비 밑에서 모사로 일하게 되었다. 유비가 서천을 취한 이후 팽영을 치중종사, 지금의 부비서장으로 파격적인 중용을 한다. 그러자 팽영은 형색이 방자해지고 때를 만났다고 자랑하며 더욱 오만해지고 의기양양하여 다른 사람을 거들떠보지도 않았다. 그러자 제갈량이 유비에게 고하여 팽영을 강양 태수로 발령을 내자 낙담하여 마초에게 반란과 모반을 부추기는 말을 하고 이에 유비와 제갈량은 '반드시 처벌해야 한다'는 것으로 결정하고 벌하였다.

☞ 관도 전투에서 허유는 자신의 비리가 발각당해 처형당할 위치에 놓이자 그날 밤 군영을 나와 조조의 진영에 투항한다. 어릴 적 조조와 동문수학하던 그는 자신이 원소에게 진언했던 계책부터 낱낱이 밝히고

조조에게 순우경이 지키고 있는 군량고에 관한 정보를 준다. 이후 허유의 조언을 받아드려 귀주를 얻자 조조의 어릴 적 친구인 허유가 술에 취해 고래고래 "나 허유가 이 전투의 1등 공신이다"라며 소리를 지르자, 지나가던 허저가 이를 보고 허유에게 말조심할 것을 이르자 허유는 "내 친구인 조조도 나를 무시 못 한다. 내 깟 놈이 감히 어디서 나를 이리 대하느냐!"고 하자 허저가 허유를 바로 참수한다. 이후 이 사실을 조조가 알고 대노하여 허저를 참수하고자 하였으나 조비와 순욱의 만류로 보초로 남고 순욱은 허저에게 1등 공신임을 넌지시 암시하였다.

13. 잠시 쉬어가는 것은 어떨까

직장 생활을 하며 쉬어 간다는 말은 이런 말이다. 갑자기 어려움이 닥쳤을 때 쉬어가는 지혜이다. 예를 들면 상사가 무엇인가 물어 보았을 때 답변이 궁색한 경우, 회의 중 아이디어가 떠오르지 않을 때, 동료와 일하면서 서로 의견이 맞지 않아 얼굴을 붉힐 때, 작성한 보고서가 마음에 안 들 때, 상대방에게 회신해주어야 할 메일을 작성 후 보내기가 찝찝할 때, 내 마음이 혼란스러울 때 등등 우리는 이런 경우를 거의 매일 당하면서 산다고 해도 과언이 아니다.

이럴 때 이렇게 대처하면 어떨까? 잠시 쉬어가는 것이다. 당장 대답을 해야 할 경우에는 상대방의 질문 사항을 다시 한 번 스스로에게 물어 보고 난 후에 답변하는 것이다. 마음이 격해있거나 혼란스러울 때는 잠시 그 순간을 떠나 10분간의 휴식후 다시 돌아오는 것이다. 지금 당장이 아닌 내일 해도 제출하거나 회신해야 될 사항은 다음 날 아침에 와서 다시 한 번 읽어 보고 수정을 한 다음 보내는 것이다.

쉬어 가는 자세는 직장 생활에서 참으로 중요하다. 쉬어 가지 않음으로 해서 벌어질 수 있는 일들은 너무나 많으며 다시 담아 정상적으로 돌려놓기에는 이미 버스는 떠나갔기 때문에 상대방의 당신에 대해 좋지 않은 이미지나 기억만 남길 뿐이다.

14. 남과 생각이 다르다면 어떻게 할까

사람은 이기적인 동물이다. 동물은 서로 우위를 점하기 위하거나 서열을 결정짓기 위해 목숨을 건 싸움을 하며 지면 깨끗하게 승복한다. 그러나 사람은 다르다. 내 생각과 다르고 그것이 본인에게 피해를 줄 수 있는 입장이라면 그것이 틀리던 맞던 자신을 속이고서라도 자신의 이익을 위해 협박이나 감언이설이나 급기야 말싸움에서 주먹다툼으로까지 이어진다. 특히 남들에게 평가를 받아 탈락여부가 결정될 수 있다거나, 승진에 누락이 될 수 있다거나, 사랑하는 애인이 변심하여 감정을 주체하지 못하거나, 보고 싶지 않은 것을 보거나 주변에서 무서운 행동을 하거나하면 더하다. 이런 환경에서 처해진 여건에 대해 어떻게 행동하는 것이 올바른지 판단 기준이 다르겠지만 그렇게까지 당장 다급하거나 위험요소가 크지 않을 경우 정말 내게 이익이 될 수 있을까? 나는 이렇게 생각한다. 그 순간 당장은 이겼다고 생각할 것이다. 시간이 지나가면서 생각해 보면 내가 그런 어리석은 행동을 하는 것이 참으로 유치하고 바르지 못한 해결방법이었다고 생각한다.

지역적으로 침공을 많이 받은 민족은 성격이 급하고 거짓말을 잘한다고 한다. 우리나라의 국민의 '빨리 빨리'문화와 '벌컥 하는 성질'은 아직도 고쳐지지 않고 있다. 특히 교통상황이 좋지 않을 때 새치기를 한다거나, 신호를 무시하고 달리거나, 신호가 바뀔 것을 알면서도 교차로 중간에 진입해 교통을 마비시키기나, 운전하면서 본인의 의도와 맞지 않을 경우 상대방에게 욕설이나 위협적인 행동을 보이는 저급 문화는 우리 사회에 너무 만연하다. 최근 들어 운전을 하면서 상대방에게 위협하는 행위에 대해서는 엄벌을 하고 있지만 그래도 이를 위반하여 뉴스거리로 취급되고 있을 정도이다.

국가의 정책을 결정하고 판단하는 것도 집권하는 지도자가 바뀌면 바로 뒤집고 다른 정당과의 공조도 없다. 우리 사회에 '내가 하면 사랑이도 남이 하면 불륜이다.'라는 생각의 차이가 어떻게 좁혀질 수 있을까? 이것이 국민의 민도이다. 삼성그룹 이건희 회장시절 "국민은 잘하는데 정치는 삼류다."라고 말했다가 그것이 맞는 말이라 해도 정치가로부터 많은 지탄을 받은 바 있다. 인사정책도 마찬가지이다. 잣대가 그때마다 달라서 서로 입장이 달라지면 항상 부작용과 싸움으로 진흙탕이 된다. 모두 자기가 유리한 쪽으로 결정하는 것이다.

어떻게 달라질 수 있을까? 누군가는 단 한사람이라도 원칙을 지켜야 한다. 예외를 두어서는 안 된다. 모두가 지켜야 할 약속과 같은 것이다. 특히 국가의 지도자나 윗사람들이 모범과 원칙을 보일 때 사회와 개인은 정화되는 것이다. 나부터 올바로 행동하고 모범을 보일 때 모두가 원하는 사회가 되지 않을까?

15. 동료이야기에 귀를 기울여라

사회생활을 하다보면 말 잘하는 사람이 출세하는 경우가 있다. 우리는 그들은 "재는 입만 가지고 산다. 또는 죽으면 입만 동동 떠 있을 아이다." 라고 비하를 한다. 말 잘하는 사람과 실력은 다르다. 말을 잘하는 것보다 정확하게 이야기하는 것이 현명하다. 물론 말을 잘한다는 것은 발표를 잘하는 것과 같다. 남에게 그 만큼 설득을 잘 시킬 수 있다는 이야기이다. 그러나 동료의 말을 잘 들어주는 능력은 탁월해야한다. 잘 들어준다는 것은 그만큼 인내심이 필요하고 배려가 필요하다. 그 말을 들어줌으로써 상대방과 친구가 되고 우군이 되기도 한다. 적어도 상대방이 적으로 생각하지는 않는다는 말이다. 회사생활을 하다보면 의견의 차이가 많은 경우가 있다. 이럴 때도 상대방의 이야기가 자신의 생각과 맞지 않으면 상대방의 말이 틀렸다는 것을 여러 사람 앞에서 주장하게 된다면 그 말이 맞을지 몰라도 말을 전달하는 방식은 바람직하다고 볼 수 없다. 똑 같은 말을 하여도 상대방이 기분 상하지 않게 말을 할 수 있다. 그도 인간이기에 언젠가는 남들에게 좋은 소리는 하지 않을 것이다. 중립을 지키는 것도 아무 말을 하지 않는 것도 하나의 방법이 될 수 있다.

나이가 들면 잔소리가 많아진다고 한다. 실제로 노인들은 살아온 시간 동안 다양한 경험을 쌓아 삶에 필요한 지혜나 전문지식 등 풍부한 지혜를 가지고 있다. 그렇기 때문에 자식들에게 좋은 의미의 조언을 하게 된다. 그러나 그것을 바람직하게 받아드리는 자녀는 그리 많지 않은 게 현실이다. 시세말로 노인을 꼰대라고 부르는 이유가 그것이다. 꼰대는 기성세대나 선생을 뜻하는 은어이다. 애완동물들을 키우는 가족은 잔소리에 대한 아니 싫은 소리를 애완동물에게 했을 때 애완동물들의 반응을 너무 잘 알 것이다. 싫은 소리를 들으면 말 못하는 짐승이지만 듣기 싫어서 고개를 구석에 박고 있는 모습에 어이가 없어한다.

16. 나와 생각이 다르면 벌컥 한다

나는 아내로부터 "벌컥 한다!"는 소리를 듣고 살았다. 처음에 아내는 나의 이런 행동을 이해를 하지 못했다고 한다. 지금은 나의 급한 성질을 알고 참고 넘어가는 지혜를 터득했다. 나 역시 그런 내가 밉다. 내 마음 속 깊숙이 자리 잡아 내 스스로 참지 못하는 갑작스런 행동은 사회생활에도 가끔 나타난다. 집에서는 만만한 아내에게 벌컥은 하지만 밖에 나가면 다른 사람들에게는 무척 공손하고 예의 바른 사람으로 돌변한다. 나의 표리부동한 이런 행동으로 평생 동안을 상처받았을 아내에게 미안하고 고마울 따름이다. 주변에서 나이를 드신 노인 분들이 이런 행동으로 말년에 부부싸움을 하면서 "네가 맞네! 내가 맞네!" 하며 시시비비를 가리다가 급기야는 폭력행사를 하며 하소연을 하는 것을 심심치 않게 보고 경험하면서 나 스스로를 잘 다스려보려고 되돌아본다. 이런 행동은 우리 사회에서 자주 볼 수 있다. 특히 운전을 하다보면 사소한 행동으로 인하여 상대방으로부터 영문도 모르게 욕설을 당하기도 하고, 고속도로에서 급차선 변경과 추월 방해를 이유로 경적과 전조등을 비추며 창문을 열고 욕설을 하는 등 위협을 하고, 상대 운전자는 이에 대항하여 급제동이나 차량으로 밀어 붙이는 등 시비를 하고 심지어는 차량에서 내려 노상에서 운전자들 간에 주먹질을 하는 난감한 상황까지 발생하고 있다. 결국 자신의 성질을 잘 다스리지 못 한 행동으로 다른 이들에게 상처를 주고 스스로 생각하기에 그 생각이나 행동이 아무리 옳았다고 해도 경찰서에 가서 조사를 받고 법으로 형을 받는 일에 까지 이르게 된다. 내가 아내에게 한 벌컥 하는 습관으로 인한 행동은 이와 다를 게 없다. 따지고 보면 가장 사랑하는 사람에게 상처를 준 아주 잘못된 언사이며 행동인 것이다. 사람은 남의 일그러진 행동에 대해서는 엄격하지만 자신의 잘못된 행동에 대해서는 관대하다. 직장이나 가정생활에서도 같다. 『논어』 위령공편(衛靈公編)에서 공자는 "제 몸을 스스로 두터이 하고 남을 엷게 꾸짖는다면, 남들의 원망하는 마음이 멀어진다."(躬自厚, 而薄責於人, 則遠怨矣)는 뜻이다. 이는 많은 사람들이 쉽게 놓치는 것, 배움의 길에 있는 사람이나 덕을 쌓으려는 사람이 반드시 새겨두어야 하는 것을 일깨워준 말이다.

☞ 한 선비가 말을 타고 시골길을 가다가 늙은 농부가 소 두 마리를 함께 몰면서 밭을 갈고 있는 것을 보았다. 그것을 바라보던 선비는 큰 소리로 그 검정소와 누렁소 중에서 어느 쪽이 일을 더 잘하느냐고 물었다. 그러자 농부는 밭을 갈다 말고 몹시 당황한 얼굴로 선비에게 뛰어왔다. 그러더니 선비의 귀에다 대고 낮은 목소리로 힘은 검정소가 셉니다만 꾀부리지 않고 일을 잘하는 건 누렁소라고 했다. 농부의 말을 들은 선비는 껄껄 웃으며 잘 알았다는 듯 고개를 끄덕였다. 그런데 노인장께서는 그 말을 뭘 그렇게 비밀스럽게 하십니까? 하찮은 짐승의 이야기가 아니오? 그러자 노인은 조용히 고개를 저으며 말 못하는 짐승일지라도 나쁜 말을 듣게 해서는 안 된다는 것이다. 칭찬도 여러 번 하면 욕이 되거늘 하물며 흉보는 말이 귀에 들어가면 좋을 리

없다고 했다. 이에 선비는 깊은 감동을 하고서는 노인의 말을 교훈 삼아 평생 남을 헐뜯는 말은 하지 않았다는 이야기다.

우리는 무심코 남을 책망하고 헐뜯는 것을 자주 듣는다. 이러한 일은 우선 남의 잘못을 탓하기 전에 자신을 돌보고 내가 책임질 수 있는가를 생각해 봐야 한다. 책망은 한편으로 권고의 의미도 있다. 책망으로 긍정적인 효과를 얻는다면 책망도 약이 될 것이다. 그러나 욕설을 겸한 책망은 오히려 상대방의 감정을 자극할 수 있다. 그러므로 상대방이 책망을 견뎌 내고 마음속으로 받아들일 수 있는 수준에서 선(善)으로 타이르는데 그 사람의 수준에 맞게 요구하는 것이 좋을 것이다. 덕을 쌓으려면 자신을 바로잡아야 하는데, 그게 결코 쉽지 않다. 대부분 남의 눈에 든 티끌은 잘 보면서 제 눈에 든 대들보는 좀체로 보지 못하기 때문이다. 성공한 삶은 물론 물질적인 면도 있겠지만 남을 포용하고 이해하려는 마음이 중요하다. 마음의 그릇이 큰 사람은 반대하는 사람까지도 포용하고 품어서 뜻을 함께할 수 있는 사람으로 만들어 가야 한다. 나는 '가고가하'(可高可下)라는 좌우명을 마음에 세기고 있는데 어진 사람은 지위가 높아도 교만하지 아니하고, 낮은 지위에 있어도 두려워하지 아니한다는 또 다른 의미는 높낮이를 가리지 않는다는 뜻으로 '일희일비 말고 항상 겸손 하라!'는 인생철학을 강조한다. 늘 자유스럽고 창의적인 삶을 즐기지만 청렴하며 직언직설(直言直說)도 결코 마다하지 않아야 할 것이다.

17. 고민과 불안을 어떻게 다스릴까

불안이란 심신이 무너지면서 오는 현상이다. 불안과 공포는 사업의 실패, 직장에서 예측하지 못한 퇴사, 남녀 간의 사랑의 실패나 사고로 인한 신체나 정신적 충격에 의해 발생되는 자기를 둘러싼 앞으로 닥칠 자신과의 싸움에서 실패하는 것이다.

모든 불안은 그것을 만든 이유로부터 시작된다고 볼 수 있다. 우리 주변에 불안을 극복하지 못하고 여러 가지 형태로 자신의 목숨을 끊는 안타까운 사례를 많이 본다. 이런 무서운 불안으로부터 촉발된 행동은 현대사회를 사는 모든 이들에게 언제든지 나타날 수 있다.

그렇다면 불안이나 공포로부터 해결할 방법은 무엇일까? 가장 중요한 처방으로 먼저 그 사실을 인정하는 것이다. 예를 들어보자 사업의 실패로 빚을 많이 지고 쫓기는 신세가 되고 가정이 풍비 박살나는 현실에서 본인은 죽고만 싶을 것이다. 그러나 사업을 하면서 왜 실패를 하게 되었는지 근본적으로 생각해보고 자신의 잘못을 인정하면 마음이 편하다. 그리고 다시 재기의 발판을 마련하여 초심의 마음으로 돌아가는 것이다. 물론 실패로 인한 충격으로 재기에는 시간이 많이 필요할 것이다. 더 중요한 것은 이다음에 재기를 한다면 과거를 돌아보고 피해를 주었던 사람들에게 마음을 담아 보상하는 것이다. 그러한 마음이 없다면 남에게 상처를 준 사람은 원수가 되어 언제든지 외나무다리에서 만날 수 있는 것이다. 사랑하는 남녀가 서로 맞지 않아 헤어지는 경우가 허다하다. 사람은 본인도 자신의 마음을 헤아리기가 어렵다. 헤어지려면 서로 만나면서 보고 느꼈던 상대방에 대한 인식이 필요하다. 내 입장에서만 보고 판단하며 상대방을 판단해서는 안 된다. 상대가 마음이 멀어져 헤어지자고 하면 비록 내가 마음이 있더라도 쿨하게 보내주는 것이 정답이다. 그 당시에는 아프고 상처를 받겠지만 그런 사람을 설득하여 평생 살아 본들 나에게 행복은 보장되기 힘들 것이다. 나를 먼저 인정하고 상대방을 인정함으로써 나의 편협한 생각을 버려야 한다.

불안장애는 다양한 원인에 의해 발생하며, 대부분은 예방이 어렵다. 그러나 휴식, 취미활동, 자신만의 여행을 떠나거나 명상이나 정신적인 안정을 주는 허브차를 마시는 등 심리적 이완을 통해 스트레스를 조절하고 관리하는 것이 필요하다. 결국 불안에서 탈출하는 방법은 먼저 나의 잘못을 돌아보고 인정하는 것이다. 그런 다음 상대방의 행동을 인정해주고 나를 스스로 틀에 가두지 않는 것이다. 마음이 다치면 신체가 화를 입는다. 모든 만병은 마음으로 시작되며, 마음을 잡으면 그 병은 없어지기 마련이다. 마음을 잡는 것은 결국 마음을 비우는 것이다. 비운 마음은 이제 다시 새로운 채움으로 새로운 만족을 만들 수 있기 때문이다. 새 술은 새 부대에 담듯이 과거를 털어 버리고 새로운 마음으로 출발하면 된다.

18. 사업은 1대 10의 승수효과로 하는 것이다

1대 10이라고 하면 1개로 10배의 효과를 얻는 승수효과를 의미한다. 1대 10의 면접토론을 경험해 보았는가? 국내 신한은행은 신입사원의 면접 시 기존에 토론이 부족한 단점을 보완하기 위하여 지원자 1명이 다른 지원자 10명과 찬반토론을 벌이는 것이다. 논리 대결을 통해 지원자의 논리력과 순발력을 보는 방식이다.

페덱스(FEDEX)의 1대 10, 100 법칙이 있다. 상품에 불량품이 생길 경우 고치는 데 1원이 들지만 책임소재를 규명하거나 문책당할 것이 두려워 불량 사실을 숨기고 기업의 문을 나서면 10원의 비용이 들며, 고객의 손에 들어가 클레임 건이 되면 100원의 비용이 든다는 것이다.

창업을 하는 사람의 입장에서 보면 더욱 더 1대 10의 승수효과는 사업의 미래 발전과 승패를 가늠해 볼 수 있는 척도이다. 대부분 창업자는 한 가지 아이템을 가지고 출발한다. 자신의 아이디어가 최고의 아이디어이고 아무한테도 가르쳐둘 수 없는 특별한 아이템이라고 생각한다. 그러나 투자를 하는 투자가 입장에서 본다면 사업 아이템이 얼마나 가능성이 있는가를 보는 것은 단지 그 아이템의 사업성도 중요하지만 그 사업을 추진하면서 다른 사업과 연계되거나 사업의 확장력이 얼마나 파급력이 있는지가 더 중요하다. 왜냐하면 사업의 단일 아이템은 돈이 된다면 누군가에 의해 바로 모방되어 경쟁자가 나타날 수 있기 때문이다. 사업성이 있다면 연관 산업과 부가산업의 다양한 창출이 반드시 일어나야 한다.

사람이 사는 세상에서 누군가를 만나고 행복을 느끼고 새로운 동기가 유발되고 만나면 만날수록 만남이 즐거우려면 그 사람의 좋은 성정과 적극적이고 긍정적인 에너지가 발산되는 사람과의 만남이 중요한 것이다.

19. 실패하는 것은 성공하는 것이다

실패하는 것은 성공하는 것이다. 실패를 겪어 본 사람만이 성공할 수 있다는 역설적인 말이다. 아브라함 링컨은 미국의 제16대 대통령(재임 1861~1865)이며, 남북 전쟁에서 북군을 지도하여 점진적인 노예 해방을 이루고 대통령에 재선되었으나 안타깝게도 이듬해 암살당하였다.

링컨의 생애는 실패의 산물이었다. 낙선전문가 링컨이라고 불려도 과언이 아니다. 22세에는 사업에 실패했고, 23세 때 주 의회에 출마하여 낙선하였고, 24세에도 사업에 실패하였고, 25세에 주 의회 의원 당선되었다. 26세에 사랑하는 여인 죽음으로 신경쇠약과 정신분열증에 걸렸고, 29세에는 주 의회 의장 선거에 낙선하였다. 31세에 대통령 선거의원에 낙선하였고, 34세에 하원의원을 출마하여 낙선하였고, 37세에 하원의원에 당선되었다. 39세에는 하원의원에 낙선되고, 46세에도 상원의원 낙선하였으며, 47세에도 대통령에 출마하여 낙선하였다. 49세에는 상원의원에 낙선하였고, 51세에 대통령 당선 되었다. 그의 인생 역정에서 살펴보듯이 남들이 다 포기할 때도 포기하지 않고 차근차근 자신의 뜻을 이루기 위해 끊임없이 노력해 나갔다는 사실이다. 링컨의 어린 시절은 무능력한 아버지로 인해 극도로 가난한 생활을 하였고 자애롭고 강한 정신력을 지닌 어머니 밑에서 자랐다. 링컨의 아버지 토머스 링컨은 이름을 서툴게 사인할 때 외에는 글자를 써본 적이 없는 사실상의 문맹이었고, 목수와 농장 일꾼으로 전전하는 처지였다. 반면 어머니 낸시 행크스는 어린 링컨에게 성경을 읽어주고, 읽고 쓰는 법을 가르쳤으며, 진심 어린 사랑으로 돌본 현명하고 자애로운 어머니였지만 링컨이 9살 어린 나이에 죽었다.

토머스 에디슨이 "천재는 1%의 영감과 99%의 노력으로 만들어진다!"고 했다. 그가 개발한 백열전구 특허번호는 223,898이다. 필라멘트 재료를 무수히 바꿔가며 수많은 비용을 들여 실험을 계속하여 실패에도 불구하고 1,238번째 만족스런 결과를 얻었으며 지금의 우리가 사용하고 있는 백열전구로 세상을 밝혀 주었다.

아산만 방조제 물막이 공사

현대그룹 정주영 회장은 강원도 통천의 가난한 농부의 아들로 태어나 초등학교인 통천송전소학교를 졸업한 것이 유일한 정규교육이다. 평소 회사에서 어려운 사안이 닥치면 현대그룹 정주영 회장의 다소 무리한 지시에 직원들이 "어렵습니다!"고 꽁무니를 빼면 "이봐. 해봤어?"라고 반문하였다고 한다. 그가 아산 방조제의 마지막 구간에서 난관에 빠진 물막이 공사를 할 때 여러 가지 방법을 시도했지만 실패하자 정 회장은 그 자리에서 "간척지 최종 물막이 공사는 인력으로 감당하기 어렵다. 설사 인력으로 해결된다 해도 엄청난 비용은 더 문제"라며 "밀물과 썰물 때의 빠른 물살을 막기 위해 폐유조선을 침하시켜 물줄기를 차단 또는 감속

시킨 다음 일시에 토사를 대량 투하하면 제방과 제방 사이를 막을 수 있을 것"이라고 제안하면서 울산에 정박해 놓은 고철해체용 23만 톤급 폐유조선을 끌고 와 침몰시키는 방식으로 물막이 공사를 성공적으로 수행했다. 그 이후 이 물막이 방식을 '정주영 공법'으로 널리 알려지게 되었다.

20. 자신과 같이 할 사람을 찾아라

인간 사이의 감정에는 세 가지 차원이 있다. '좋아하는가! 신임하는가! 필요한가!' 현대인도 사무실 동료, 대학 동기, 사업 동료가 있지만, 마음을 나누고 대화하며 뜻이 통하고 오랫동안 만나지 못해도 마음으로 항상 가까운 친구가 있어야 한다. 이러한 친구가 있을 때 삶이 적막하지 않을 것이다. 중국 삼국시대의 유비가 도원결의를 통해 관우와 장비를 얻고, 삼고초려를 통해 제갈공명이라는 책사를 만난 사례를 보자.

☞ 도원결의(桃園結義)는 나관중의 『삼국지연의』에서 유비(劉備), 관우(關羽), 장비(張飛)가 도원(桃園)에서 의형제를 맺은 데에서 비롯된 말로, 뜻이 맞는 사람끼리 하나의 목적을 이루기 위해 행동을 같이 할 것을 약속한다는 뜻이다. 한(漢) 경제(景帝)의 후손인 유비는 어려서 부친을 여의고 모친을 지성으로 섬겼는데 집이 가난해서 미투리를 삼고 자리를 치는 것으로 생계를 삼았다. 유언이 방(枋)을 내어 군사를 모집할 때 유비의 나이는 이미 스물여덟이었다. 이 날 유비가 방문을 보고 탄식을 하고 있는데 장비가 나타나 대장부가 나라를 위해서 힘을 내려고 하지 않고 어째서 한숨만 쉬고 있느냐고 꾸짖었다.

유비가 도적을 무찔러 백성을 편안히 할 생각은 간절하나 힘이 없어서 장탄식을 한다고 하자, 장비는 자신의 재산을 팔아 고을 안의 용사들을 모아 함께 큰 일을 하자고 했다. 유비가 크게 기뻐하며 장비와 함께 마을 주막에 가서 술을 마시고 있는데, 관우가 주막으로 들어와 군사 모집에 응해 성으로 들어가는 길이라며 술을 독촉했다. 유비가 자리로 불러 마음에 있는 바를 이야기했더니 관우도 크게 기뻐했고, 세 사람은 함께 장비의 집으로 갔다.

큰 일을 의논하는 자리에서 장비가 집 뒤의 복숭아 동산에 꽃이 한창이니 내일 이 동산에서 천지(天地)에 제(祭)를 지내고 셋이 의형제를 맺어 한마음으로 협력하기로 한 뒤에 일을 도모하자고 하였다. 유비와 관우가 동의하여 다음날 도원에 검은 소(黑牛)와 흰 말(白馬)과 지전(紙錢) 등 제물을 차려 놓고 제를 지내며 맹세했다. "유비, 관우, 장비가 비록 성은 다르오나 이미 의를 맺어 형제가 되었으니, 마음과 힘을 합해 곤란한 사람들을 도와 위로는 나라에 보답하고 아래로는 백성을 편안케 하려 하고, 한 해 한 달 한 날에 태어나지 못했어도 한 해 한 달 한 날에 죽기를 원하니, 하늘과 땅의 신령(皇天后土)께서는 굽어 살펴 의리를 저버리고 은혜를 잊는 자가 있다면 하늘과 사람이 함께 죽이소서." 맹세를 마치고 유비가 형이 되고, 관우가 둘째, 장비가 셋째가 되었다. 제를 마치고 소를 잡고 술을 내어 고을 안의 용사들을 불러모으니 300명이었다. 이 날 도원에서 다들 취하도록 술을 마시며 함께 즐겼다.

이후 도원결의는 의형제를 맺거나 뜻이 맞는 사람들이 사욕을 버리고 목적을 이루기 위해 합심할 것을 결의하는 일을 나타내는 말로 널리 쓰이게 되었다.

☞ 삼고초려(三顧草廬)는 조조가 북방에서 원소의 잔여세력을 소탕하고 있을 때, 형주의 유표 밑에 있던 유비는 정치적 포부를 실현할 수 있는 기회를 찾고 있었다. 그는 자기를 도와 모략을 꾸밀 인재들을 맞아들였는데 그중의 하나가 서서(徐庶)였다. 유비는 서서의 비범한 지혜에 탄복하며 그를 군사(軍師)로 임명했다. 그런데 어느 날, 서서가 유비에게 이렇게 말했다. "양양성(襄陽城)에서 20리 떨어진 융중(隆中)이라는 마을에 천하에 보기 드문 재능을 가진 선비가 있습니다. 주공께서는 왜 그분을 청해오지 않으십니까? 그분의 성은 제갈(諸葛)이고 이름은 양(亮), 자는 공명(孔明)입니다. 이분은 경천위지(經天緯地)의 재능을 가지고 있어 세인들은 그를 '와룡(臥龍)'이라고 부릅니다." 유비가 인재를 찾기 위하여 준비를 하던 중 수경선생(水鏡先生) 사마휘(司馬徽)을 찾아간다. 그는 "공명은 모든 학문에 대략을 터득하고 있으며 법가와 병가를 깊이 파고들어 춘추전국시대의 관중과 악의에 비견할만하다."라는 말을 남기고 떠났다. 유비는 관우, 장비와 함께 제살공명의 집이 있는 와룡 강으로 간다. 그 때가 12월 엄동설한이기 때문에 장비가 유비에게 성으로 공명을 불러드리자고 하였으나 유비는 "찾아가서 맞이하는 것이 맞다!"고 하며, 장비에게 호통을 치고 같이 공명의 집으로 방문하였다. 그러나 공명의 소재를 파악하기 어려워 두 번째 다시 봄이 되어 관우마저 말렸으나 다시 꾸짖고 목욕재계를 하고 공명의 집을 찾아 유비가 말에서 내려 걸어가서 공명에게 더욱 무겁게 예를 표하였다. 그러나 공명이 때마침 낮잠을 자고 있자 유비가 반나절이나 서서 기다리던 중 장비가 관우에게 '집

뒤에다 불을 질러 그래도 저자가 일어나나 안 일어나나 한번 봐야겠소.'라고 하자 관우가 장비를 제지하고 조금 더 기다리자 공명이 잠에서 일어나 문득 인기척을 느꼈음인지 동자를 불러 "손님이 오셨으면 왜 진작 깨우지 않았느냐?"하며 머리에 윤건(綸巾, 굵은 실로 짠 두건)을 쓰고 물빛 학창의(鶴氅衣, 학의 깃털로 짠 옷)를 입고 유비를 맞았다. 공명의 '천하삼분법(天下三分法)의 계(計)'를 유비가 듣고 한동안 감격하여 유비가 다시 "선생께서 저를 비천하게 버리지 마시고 산을 떠나 가르침을 주십시오. 이 유비는 마땅히 선생의 밝으신 가르침을 따르겠습니다."라고 간곡히 말하자 공명이 수락을 하였다.」고 한다. 삼고초려는 유비의 인재를 구하는 안목을 보여주고 있다.

재부(財富)가 최고가 아니라 붕우(朋友)가 최고의 재부인 것이다.

제갈량을 알아본 이는 서서, 사마휘, 황승언 세 사람이다. 서서는 허난성 우주 사람으로 친구를 위해 살인을 하고 도피하다가 사마휘, 제갈량 등과 친구가 되었다가 신야의 유비 밑에서 일하다 후에 조조가 그의 어머니를 붙잡자 조조에 투항하여 위나라에서 어사중승에 이르렀다. 서서를 신임하던 유비가 제갈량에 대해 묻자 자신보다 백 배 낫다고 말하고 유비를 떠나기 전 제갈량을 추천하였다. 인재를 찾아 나선 유비가 형주의 저명한 인력 자원 전문가 사마휘를 찾아가 묻자 "유생 속사가 어찌 시무를 알겠습니까? 시무를 아는 자가 바로 준걸인데, 이런 준걸에는 복룡(伏龍)과 봉추(鳳雛)가 있습니다."라며 복룡이 제갈량이고 봉추가 방통이다. 황승언은 형주의 저명인사로 제갈량의 혼처에 대해 "그대가 부인을 고른다고 들었소. 내게 못생긴 딸이 있는데, 노란 머리에 얼굴은 검지만,

그 재주는 서로 배필이 될 만하오."라고 했고 황승언의 부인 채 씨는 형주의 대장군 채모도 채 씨 집안의 아들로 형주의 행정장관인 유표가 군대 지휘권을 맡겼다. 부인 채 씨의 여동생이 유표에게 시집을 갔고 제갈량은 결혼하자마자 유표와 친척이 되었다.

제갈량은 공부하는 방식은 첫째, 보통 사람과는 다르게 다른 내용을 공부했고, 두 번째는 자신의 직위에 대한 포부를 매우 높게 잡고, 자가나 군수에는 만족하지 않고 자신의 별호 또한 와룡이라 하고 자신이 살던 지역을 와룡 강이라 불렀다. 또한 자신을 춘추전국시대에 혁혁한 이름을 남긴 관중과 악의에 비유했는데 관중은 제 환공을 보좌하여 아홉 제후들을 규합하여 천하를 잡은 명재상이고, 악의는 약소국 연나라를 이끌어 강대한 제나라를 대패시키고 제나라 72개 성을 공략한 명장이다. 이 두 사람 모두 군주를 보좌하여 패업을 이룬 동량이었다.

21. 어떻게 하면 직장생활을 잘 할 수 있을까

직장은 전쟁터이다. 아무리 좋은 직장이라도 매일 처리해야 하는 목표가 있고 그 과정에서 사람들과의 갈등이 표출된다. 그 갈등을 어떻게 잘 봉합하느냐가 성공의 지름길이다.

일로 인한 갈등은 일로 끝내야 한다. 오늘 늦게까지 처리해야 한다면 밤을 새워서라도 끝내면 된다. 끝내고 밤늦게 퇴근할 때 그 기분은 성취감으로 이어져서 다음날 또 다른 일을 할 수 있는 에너지가 된다.

그러나 일로 인한 사람간의 갈등은 해소하기가 쉽지 않다. 회의석상에서 상대방에게 질책을 하거나 기분을 상하게 만드는 언행이 이루어진다면 가슴에 응어리가 지고 상대방은 언젠가 복수를 하게 되는 마음을 먹게 된다. 따라서 상대방이 잘못을 하였다 하더라도 실수한 본인이 인정하게 만들어야지 내가 상대방의 실수를 지적해서는 안 되는 것이다. 특히 공개적으로 망신을 당하면 그것은 여러 사람이 결부가 되어 있어 풀기가 더 어렵다.

상하 간에 갈등은 더 어렵다. 나와 하루 종일 얼굴을 맞대고 지시를 받아 일을 해야 하는 입장이라면 상사는 아래 직원에게 원망이나 상처를 주지 말아야 한다. 그러나 현실은 그렇지 못하다. 상사라는 이유 하나로 부당한 지시를 따라야 하고 심지어 이러한 것이 쌓이면 회사를 다녀야할지 말지를 고민하는 극단적인 시간과 계기가 올 수 있다. 이럴 때는 내 입장에서 생각해보아야 한다. 아무리 부당한 지시를 해도 상대방에게 개선을 요구하는 것은 현실적으로 불가능하다. 참을 수 있을 때까지 많은 사례를 모아서 회사의 인사부에 건의를 해서 부서를 옮기는 것이 가장 좋은 방법이다.

상사 입장에서 일하다 보면 좋은 의미에서 본인에게 부서의 전보나 승진시기를 다음으로 기약하는 일이 많이 발생하게 된다. 이럴 때 본인에게 충분한 설명을 해주고 본인의 의사를 들어서 일방적인 지시가 아닌 본인이 결정하게 만드는 것이다. 매사가 원활하고 좋을 때는 모든 것이 좋다. 그러나 예기치 못한 여러 가지 이유로 내가 곤경에 빠지게 되면 직장이라는 사회는 나를 동정해주고 나를 위해 구명을 해주는 상사나 아래 직원은 없다. 특히 불만을 가졌던 아래 직원은 이를 빌미 삼아 과거의 사소한 행적에 대해서도 상사에 대한 비난을 하는 것이 회사의 생리다. 그것이 나쁜 것이 아니라 그 누구도 그런 일에 말려들기를 원하지 않기 때문이다.

회사는 일을 하는 집단이다. 따라서 일을 하며 자신의 주어진 일을 묵묵하게 잘 수행하면 그만이다. 남에게 탓을 돌리는 어리석은 행동은 하지 말아야 한다. 특히 옳지 못한 행동은 하지 말아야 한다. 회사의 사규로 정해진 규정은 반드시 지키는 자세가 필요하다. 그래야 롱런하는 것이다. 똑똑하고 능력 있는 사람들은 승진을 빠를지 몰라도 위기가 오거나 어려움이 닥치면 다른 회사를 찾아간다. 그러나 승진이 동료나 남들 보다 늦더라도 때를 기다리며 성실하게 자신의 일에 임한다면 오래 다니는 직원이 더 현명하다는 것을 나는 보아왔다. 왜냐하면 다른 회사에 이직한 직원은 새로운 환경에 적응해야하며 특히 사람 사는 세상에서 그들과 동등한 조건으로 대우를 받기 위해선 적어도 10년의 세월이 필요하다. 지금은 회사가 힘들더라도 누구보다도 그 회사를 잘 알고 있고 같은 구성원 역시 회사를 살리기 위해 갖은 고생을 같이 했기 때문에 이미 빠져 나간 똑똑하고 능력 있는 직원들의 자리를 회사가 정상화되는 시기에 승진 기회도 많아질 것이다. 세상은 항상 잃는 것만 있는 게 아니라 그로 인해 얻을 수 있는 것도 있는 것이다. 이직을 할지 남아야 할지는 내가 선택한다. 나의 결정인 것이다. 어떤 결정이 현명한 결정인지 혼자 고민하지 말고 결혼했다면 아내와 부모님, 선배나 친한 지인과 같이 상의하여 결정을 한다면 결정에 대해 결코 후회는 없다.

누구든지 자신의 재능, 능력과 장점을 드러내는 것은 아주 어려운 일이지만, 결점을 드러내는 것은 애써 노력할 필요도 없는 일이다. 모두가 한 눈에 알기 때문이다. 사법연수원에서 분쟁처리의 우선순위를 교육받을 때 첫 번째 우선순위는 대화로 해결하자, 그리고 화해로 해결하자는 것이 재판을 피하는 정확히 말해서 개인적인 원한을 사지 말고 서로의 입장을 배려하는 자세가 중요함을 일깨워 주고 있다.

22. 공직 생활은 어떻게 해야 할까

공직자는 중앙정부나 지방정부의 사무를 맡아 보는 사람이다. 사무를 처리함에 있어 억울한 사람이 없어야 하며, 상벌이 엄격하고 공정하며, 다스림에 있어 기강이 분명해야한다. 공직이란 하위 직급에서 고위 공무원에 이르기까지 자신의 지위가 올라 갈수록 항상 마음을 비우고 자신의 자리는 잠시 있다가 가는 자리임을 알아야한다. 잠시 있다가 가는 자리라 함은 자신에게 주어진 일을 성실하게 하는 것이지 권력을 휘두르라는 말이 아니며 맡은 바 자신의 역량을 잘 발휘해야한다.

중국의 삼국지를 보면 벼슬을 한다는 것은 목숨을 거는 일이었다. 위나라 사마의는 조조, 조비, 조예, 조방 4대를 모시면서 목숨이 여러 번의 경각에 다다른다. 처음에 조조가 사마의의 총명함을 듣고 등용하고자 하였으나 사마의는 조조의 성격을 잘 알고 중병에 걸렸다는 꾀병을 부려 나가지 않았다. 그러나 두 번째 조조가 만약 응하지 않으면 죽이라는 명에 어쩔 수 없이 30세에 조조의 수하가 되었다. 조조는 의심이 많았다고 한다. 사마의는 자신을 낮추고 특히 조 씨의 황제 친척들과 견제를 받으면서 사다리를 타며 자신의 입지를 구축해왔다. 최근에도 달라진 것은 없는 듯하다. 조조가 정권이 바뀔 때마다 지난 정권에 대한 보복성 인사가 여러 가지 방법으로 이루어진다. 조비가 위황제에 즉위하고 좌청룡 조진과 우백호 사마의를 책사로 두면서 서로 견제 세력으로 두었다. 조진의 아들 조상이 조비가 죽자 조예가 등극하고 조예가 죽자 어린 조방이 황위를 이어받았다. 그 과정에서 조상은 사마의의 세력을 몰아내기 위하여 어린 조방을 통해 모든 권력을 장악하고 국정을 농단하게 되자 거의 곧 죽어갈 늙은이처럼 행세를 하며 때를 살펴 조상을 제거하기로 마음먹고 실행에 옮겼다. 권력이 재능보다 높으면 반드시 욕됨이 있게 되고, 위엄이 덕성보다 높으면 반드시 화근이 따른다. 머리가 크면 큰 모자를 써야 하고, 큰 솥이 있으면 큰 솥뚜껑으로 덮어야 한다.

☞ 248년 조상이 조예의 능묘가 있는 고평릉 제사를 지내러 떠나자, 큰아들 사마사를 통해 은밀하게 양성한 3,000명의 결사대가 금위군 수만 명을 수하에 둔 조상을 모살하여 참수한 사건으로 3가지 일을 수행하였다. 첫째는 무기고 장악하는 것이고, 둘째는 성문을 닫아걸어 두는 것이며, 셋째는 조상이 연금한 곽조황후로 하여금 조서를 내려 조상에 의해 배제된 인재인 고유에게 행대장군사, 왕관에게 행중령군사, 장제는 조상을 설득할 준비를 하였다. 그러나 환범이 대사농의 도장인 사농인을 들고 조상에게 달려가서 계책을 제시하였다. 첫째는 허창으로 가서 재정비하여 훗날을 도모하는 것이며, 둘째는 황제 직인이라는 자원으로 곽황후의 조서는 모두 가짜로 황제명의로 조서를 내려 당시 조위정권은 여자의 정사관여금지원칙을 정해 각 지역의 병마를 활용하는 것이다. 셋째는 천하의 양식은 모든 대사농을 가졌다고 계책을 말하자 조상은 인고를 겪지 않아 결심을 못 내리는 사항을 사마의는 노마연잔두(駑馬戀棧豆)라는 '아둔한 말은 외양간의 콩을 그리워한다.' 즉 뛰어난 말은 외양간의 콩이 아니라 드넓은 초원을 그리워하는데 조상 같은 범인은 원대한 이상이 없고 결정적인

시기에 결심을 못한다는 조상을 간파하였다. 결국 조상은 장고 끝에 "기껏해야 투항하면 되고, 투항한 후에도 백만장자일 텐데!"라는 결정을 내리자 환범은 "아버지 조진은 대장군인데 아들이 저모양인가? 결국 내가 너희들 씨족과 다 죽게 생겼구나!"하며 망연자실한다. 사마의는 장제를 파견하고 조상의 측근인 윤대목과 시중 허윤을 보내 낙수를 가리키며 맹세하게 합니다. "조상아 걱정마라. 지난 일은 다 잊어버리고 앞으로 잘 지내보자."고 하자 조상이 투항하고 조상형제들을 연금하고 환범을 잡아 모반죄를 들어 모두 처형하였다.

서로 가슴에 맺힌 한을 풀어내려는 듯 새 정권이 들어서면 처절한 보복이 이루어지는 현실을 우리는 보고 있다. 과거에도 그래왔고 지금도 똑같다. 정권의 실세로서 서슬파란 권력을 휘두르며 한 시절을 세상이 모두 자신의 것인 양 누렸지만 가족들의 안위를 지키기 위해 검찰의 수사가 자신을 향해 겨눠지면 스스로 목숨을 끊고 있는 것이 다반사이다. 참으로 안타까운 일이다. 과거 왕정시절에는 중죄인은 3대가 멸족되었지만 지금 역시 목숨까지 쉽게 내어 놓는 암울한 현실이다. 권력의 남용은 공직자로서 자신의 명을 재촉하는 것이다.

23. 지금에 안주하지 말고 미래를 대비하라

직장에 들어가면 예전에는 한 곳에서 자신의 인생을 마무리했지만 시대가 바뀌면서 평생 동안 수십 개의 직업을 갖는 시대가 되었다. 지금부터 100년 전 우리는 어떻게 변화해 왔을까? 2018년으로부터 100년 전으로 돌아가 보자. 1919년에 우리는 일본의 강점기시절 3.1만세운동이 일어났다. 1945년 세계 제2차 대전이 끝나면서 1945년 8월 15일에는 우리나라가 일제의 식민통치로부터 벗어나 자주독립을 되찾은 광복이 되었고, 1950년 6월 25일 새벽에 북한 공산군이 남북군사분계선이던 38선 전역에 걸쳐 불법 남침하는 전쟁이 발생하여 미군 4만여 명의 전사자와 연합군 포함 47만 명이 실종이나 사망하였고 1000만 명의 이산가족이 생겼다.

1937년 벨 연구소의 조지 스티비츠(George Stibitz, 1904~1995)는 이진법을 사용하는 최초의 전자식 디지털 계산기를 개발하였다. 1944년 하버드 대학 교수 에이컨이 IBM사의 후원을 얻어 우리가 최초의 컴퓨터라 부르는 'MARK-1'을 제작하였다. 1946년 미국에서 개발된 '에니악(ENIAC)'은 주로 군사적 목적으로 사용되었으며, 최초의 프로그래밍이 가능한 범용 컴퓨터로 알려져 있다. 이후 1970년대 말부터 개인용 컴퓨터(PC)가 보편화되기 시작했다. 세계 최초의 휴대전화는 1973년 모토롤라에서 근무하던 마틴 쿠퍼박사와 그의 연구팀이 개발하였으면 당시무게는 850g이었으며 단순히 전화기능에서 지금 삼성의 갤럭시 시리즈는 150g정도 무게에 인터넷을 활용하여 인간의 생활에서 없어서는 안 될 필수품이 되었다. 휴대전화로 정보를 검색하고 영화, 게임, 회사업무, 은행거래, 친구와의 대화 등 모든 것을 할 수 있다.

이제부터 앞으로 100년의 세계는 어떨까? 이를 생각해 본 사람은 몇 명이나 될까? 우리는 1784년 영국에서 시작된 증기기관과 기계화로 대표되는 1차 산업혁명, 1870년 전기를 이용한 대량생산이 본격화된 2차 산업혁명, 1969년 인터넷이 이끈 컴퓨터 정보화 및 자동화 생산시스템이 주도한 3차 산업혁명에 살았다. 그리고 2017년 4차 산업혁명의 시대가 오고 있으며 우리가 경험하지 못한 신세계를 만들고 엄청나게 빠른 속도로 다가오고 있다. '4차 산업혁명'(4th Industrial Revolution, Industry 4.0)이란 정보통신기술(ICT)의 융합으로 이뤄지는 빅데이터, 클라우드, 인공지능, 로봇기술, 생명과학이 주도하는 차세대 산업혁명으로 로봇이나 인공지능을 통해 현실과 가상이 통합돼 사물을 자동적, 지능적으로 제어할 수 있는 가상 물리 시스템의 구축이 기대되는 산업상의 변화를 일컫는다. 4차 산업혁명은 제조업과 정보통신기술을 결합한 새로운 산업의 패러다임이다. 인공지능과 로봇의 등장으로 일자리에 대한 변화가 나타나며 4차 산업혁명이 가져오는 사회는 지능정보사회다. 무엇보다도 한국고용정보원(www.keis.or.kr)에서는 진로지도 및 직업세계에 대한 다양한 정보와 자료를 정기적으로 발간하고 있다. 특히 한국직업사전은 2년마다 발간하고 있는데 새로운 직업 유형과 미래 유망 직업군을 소개하고 있다. 유엔미래보고서는 향후 20년 후에 나타날 수 있는 미래 예측과 유망 직업을 다루고 있고, 유엔미래보고서 2025에 보면 메가트랜드를 소개하고 '미래 유망 직업 54'를 발표했다. 바야흐로 우리가 생각하지 못한 세계에 살 것이다. 어릴 적 공상과학 만화에서나 볼 수 있는 공기나 물로 작동되는 자동차가 날아다니고, 사람의 몸속 장기를 교체하여 수명이 200살 아니 그 이상도 살 수 있을 지도 모른다. 모든 생활이 인공지능을 탑재한 로봇에 의해 대체될 날도 머지않았다.

혹자는 인공지능으로 인해 회계분야, 판례 등 법률서비스분야, 특허분야, 의료수술분야 등에 많은 직업군이 사라질 것을 우려하고 있다. 그러나 우리가 살아온 1차 산업혁명으로부터 4차 산업혁명으로 오면서 기술

혁신으로 인해 펼쳐지는 미래의 시대는 우리가 예기치 못하는 무수한 직업을 창출할 것으로 믿어 의심치 않는다. 지금에 안주하지 말고 미래를 위해 준비한 노력이 더 해진다면 보람된 삶을 영위할 것으로 믿는다.

24. 퇴사를 언제 하면 될까

직장 생활을 하다 보면 예기치 못한 일들이 많이 일어난다. 직장에서의 상사와의 충돌이나 실적 부진으로 조직이 없어지거나 동료와의 별 것 아니라고 생각하는 차이로 인한 충격 등으로 인해 갑작스런 퇴사를 스스로 결정할 수밖에 없다. 이러한 경우를 당하더라도 대부분 가정을 이끌고 가는 가장은 가족이 받는 충격을 생각해야 한다. 당사자 심정이야 이루 말할 수 없고 가족 특히 배우자로부터 위로를 받고 싶어 하지만 실상은 그 위로는 큰 도움이 되지 못하는 경우가 많다. 이것은 본인이 해결해야하는 문제이기 대문이다. 그렇지만 현명한 가장은 퇴사로 인한 가족들의 걱정을 시간을 갖고 본인이 이직을 하거나 새로운 사업을 창업하더라도 가족을 설득시킬 준비가 되어야만 퇴사를 결정하는 것이 현명하다. 미리 대비 안을 준비할수록 좋다.

많은 직장인들이 겹벌이를 갖는 경우가 더러 있다. 힘든 일이지만 퇴근 후 아니면 주말을 활용하여 개인 사업을 영위하는 것이다. 이들은 퇴사에 대한 걱정은 없다. 그러나 주된 직장을 잃는다는 것은 부담스러운 일이다. 직장인들의 로망은 퇴사 전에 본인이 하고 싶은 일을 찾아 평소에 짬을 내어 사업적 기반을 갖추어 놓는 일이다. 주변을 살펴보면 그런 친구들이 있다. 그들은 묵묵하게 자신의 일을 하면서 개인 사업이란 안

전망을 갖고 있다.

그러면 퇴사를 언제하면 좋을까? 개인의 목표와 기량에 따라 다르겠지만 40대 초반이 좋을 것 같다. 왜냐하면 사회에 대한 경험과 일머리를 알기 때문이다. 특히 앞으로 닥칠 퇴사에 대한 공포감을 극복할 수 있는 나이이기 때문이다. 30대 후반은 대부분 회사에서 과장 정도의 직급을 가지고 있으며 미래에 대한 먹거리를 보는 능력이나 사업은 한다면 성공과 실패 확률을 어느 정도 확신을 가지고 할 수 있는 분석력과 돌파력 등이 있기 때문이다. 부부가 직장 생활을 한다면 부부 중 사업을 하고자 하는 한 쪽이 준비하면서 서로에게 충분한 자문과 협의를 통해 준비할 수 있다.

직업 중에서 교사와 공무원을 제외한 회사 생활을 하는 직장인들은 다니면서 은퇴를 대부분 생각하게 된다. 그 이유는 간단하다. 젊은 시절 입사해서 사회가 자신들을 필요로 할 때 까지는 회사를 다니며 급여를 받아 생활하기 때문이다. 그러나 40대가 넘어가면 우리 사회에서는 내일이라도 언제든 나갈 준비를 해야 한다. 회사가 너무 잘나가서 승진이 일찍 되면 먼저 나와야 하고, 경기가 불황이면 회사가 구조조정이나 여러 가지 이유를 들어 가장 먼저 해고를 시키는 대상에 들어간다. 그 이유는 회사 차원에서 고액의 연봉을 주는 비용을 줄이는 유일한 방법이기 때문이다. 특히 임원이 되면 1년에도 몇 번씩 사표를 내고 회사가 재신임을 하지 않으면 지금 비행기를 타고 해외 출장을 가는 도중에도 해고당할 수 있다. 나는 그러한 사례를 너무도 많이 보아왔다.

25. 중년은 생각보다 갑자기 다가온다

중년의 사전적 의미는 '마흔 살 안팎의 나이 또는 그 나이의 사람이나, 청년과 노년의 중간을 이르며, 때로 50대까지 포함하는 경우도 있다.'이다. 직장인의 경우 입사한 후 10~15년의 세월은 일에 묻혀 본인들 스스로 중년이 된 것을 느끼지 못하고 있다가 어느새 중년이 되어버린 현실에 놀란다.

중년이 되면서 자기도 모르게 늘어난 뱃살에 놀라고, 머리에 새치가 나면서 삶에 대해 진지해져 버린다. '내가 정말 무엇을 잘하지? 내 삶에 큰 의미를 부여하는 것은 무얼까? 지속적인 가치가 있는 창조물을 남기려면 무엇에 집중해야 하지?'라는 질문들이 쏟아진다.

사람은 습관적으로 매사가 너무 느리다고 생각합니다. 1년의 시간은 길기도 하지만 짧기도 하다. 봄에 씨앗을 뿌리고 가을에 수확을 하는 것, 10년이면 나무를 심고, 100년이면 사람을 심는 것이 정상이다.

중년은 인생역정의 가을이다. 가을은 봄과 여름에 잘 가꾸어 추수의 계절이다. 중년 역시 30대의 불꽃같은 시절에서 뿌린 씨앗을 50대까지 열매를 걷는 중요한 시기이다. 따라서 청춘의 시기에는 꿈과 목표를 가지고 달성하기 위하여 전념을 해야 한다. 돈도 벌고, 아이도 키우고, 가정을 이루며 앞 만 보고 정진해야 하는 시기인 것이다. 40대 후반에 찾아올 직장인으로서의 위기에 맞서 자신의 풍부한 경험을 살려 새로운 일을 준비하는 시기인 것이다.

요즈음은 30대 중 후반이라는 늦은 결혼으로 인해 아이를 가진 부모들의 경우 얼마 남지 않은 미래에 대한 걱정을 하게 된다. 우리 사회는

1970년대의 먹고 사는 것이 전부인 시대에서 탈피하여 50년이 흘러 온 2018년에는 돈이면 무엇이든 즐길 수 있는 세상이 되었다. 산업발전으로 국민 소득 3만 달러 시대를 살면서 많은 사람들이 소득에 대한 풍요로움도 느끼지도 못하고 오히려 쓸 돈이 없어 더 각박해진 현실을 직면하고 있다.

'추위와 더위는 하늘이 만들지만, 화와 복은 마음에서 나온다!'는 말이 있다. 중년은 마음을 잡는 일이 가장 중요한 것이다. 중년이 되는 것을 두려워하지 말라!

26. 은퇴는 가장 소중한 제 2의 인생 창업이다

인간이 '은퇴'를 한다는 것은 '직임에서 물러나거나 사회 활동에서 손을 떼고 한가히 지냄'을 의미하며 생산 활동은 중지했지만 지속적으로 소비는 하고 있는 삶의 형태로 단순히 직장을 그만두는 것을 의미하는 '퇴직'과는 차이가 있다. 그러나 요즈음은 은퇴대신 퇴직이란 말로 또 다른 돈을 벌 수 있는 생활을 하고 싶어 한다. 왜 그런 생각을 하는 것일까? 50대 중반에 은퇴를 한다면 100세를 사는 장수시대에 너무 빠른 편이다. 그러나 그런 이유보다도 우리 주변에 50대 중반에 퇴직을 해도 집에서 은퇴생활을 보내기가 너무 어렵다. 대부분의 남자들이 집에서 놀면서 아내와 삼시세끼를 먹는 것에 익숙하지 않다. 그리고 본인 스스로 아직은 내가 충분히 일할 수 있는 나이라고 생각하고 다른 직장을 알아보거나 눈높이를 낮추어 가거나 창업을 하고 있는 추세다. 그러나 그들의 속내는 만일 내가 충분히 경제적으로 여유가 있다면 왜 직장을 다니겠는 가라며 평소 직장 생활을 하면서 자신만이 즐길 수 있는 여행을 하기 등 은퇴의 삶을 하고 싶어 한다. 그렇다면 어떻게 하는 것이 좋을까? 자신의 삶을 돌아보는 행동이 중요하다. 그동안 내가 하고 싶었던 버킷리스트를 만들어 보는 것이다. 거창하게 생각할 필요가 없다. 다 적어본다. 그러면 두 가지로 나누어진다. 돈이 들어가지 않는 것과 돈이 들어가는 것으로 나뉜다. 각자의 형편에 맞게 남은 40~50년의 계획을 하는 제2의 인생플랜을 짜는 것이다.

1만 시간의 법칙이 있다. 어떤 분야의 전문가가 되기 위해서는 최소한 1만 시간 정도의 훈련이 필요하다는 법칙이다. 1만 시간은 매일 3시간씩 훈련할 경우 약 10년, 하루 10시간씩 투자할 경우 3년이 걸린다. 1993년 미국 콜로라도 대학교의 심리학자 앤더스 에릭슨(K. Anders Ericsson)이 발표한 논문에서 처음 등장한 개념이다. 그는 세계적인 바이올린 연주자와 아마추어 연주자 간 실력 차이는 대부분 연주 시간에서 비롯된 것이며, 우수한 집단은 연습 시간이 1만 시간 이상이었다고 주장했다. 이 논문은 다른 수많은 논문과 저서에 인용될 정도로 심리학계에 큰 영향을 미쳤다. 특히 말콤 글래드웰(Malcolm Gladwell)이 저서 『아웃라이어(Outliers)』에서 앤더슨의 연구를 인용하며 '1만 시간의 법칙'이라는 용어를 사용함으로써 대중에게 널리 알려졌다. 은퇴 후에는 시쳇말로 있는 게 시간이다. 하루 6시간을 투자한다면 5년 안에 뜻을 이룰 수 있다. 그리고 새로운 분야에 전문가가 될 수도 있다. 김연아 선수처럼 유연성이 필요한 세계적인 피겨 스케이트 선수는 되기 어렵겠지만 본인의 관심에 맞게 새로운 분야를 창출하여 돈도 벌 수 있고 자신의 성취감도 이룰 수 있다. 돈이 비교적 안 드는 것은 무엇일까? 이웃을 위한 봉사나 지식 나

눕이나 그림을 그리거나 글을 쓰거나 어느 동아리나 단체에 들어가 악기를 배우거나 수영, 테니스 등 취미활동을 얼마든지 할 수 있다. 이 나이에는 남에게 간섭받는 일은 누구도 싫어한다. 스스로 마음에 우러나서 하는 자발적인 일이기에 적극적이고 남의 간섭을 받지 않는 자신이 주체가 되어 할 수 있는 일이다. 돈이 비교적 들어가는 일은 무엇일까? 요즈음 은퇴자들이 박물관에서 하는 세미나나 여행을 즐기기 위해 외국어 학원에 등록을 하여 배우는 사람도 많다고 한다. 특히 1년에 소정의 돈을 내면 한 달에 2차례 정도 유명 강사를 초청하여 본인이 듣고 싶어 하는 강좌도 많이 듣는 추세라고 한다. 어린 시절부터 꿈꾸고 하고 싶었던 생각들을 나열해 보고 돈이 비교적 적게 드는 1만 시간의 법칙에 투자하라고 권하고 싶다. 이는 성취감이 무엇보다도 높기 때문이다.

참고문헌

도덕감정론, 아담 스미스, 비봉, 2009
뇌를 위한 다섯 가지 선물, 카츠, 민음인, 2013
삼국지, 장개충, 너도밤나무, 2013
손자병법, 이현서, 청아출판사, 2013
자기통제의 승부사 사마의, 자오위핑, 위즈덤하우스, 2013
판세를 읽는 승부사 조조, 자오위핑, 위즈덤하우스, 2013
사람을 품는 능굴능신의 귀재 유비, 자오위핑, 위즈덤하우스, 2013
마음을 움직이는 승부사 제갈량, 자오위핑, 위즈덤하우스, 2013
유대인의 사람공부, 강윤철, 스타북스, 2016
큐리어스 마인드, 그레이저, 열림원, 2016
침묵의 기술, 조제프 앙투안 투생 디누아르, ARTE, 2016
운을 읽는 변호사, 니시나까 스토무, 2017

저자소개

손경연, 저자 손경연은 대전에서 태어났다. 단국대학교에서 영문학을 전공하고 고려대학교에서 경영학 석사를 받았다. 대기업에서 17년, 서울시 공공기관에서 12년, 대학에서 교양과목을 가르치며 7년차를 보내고 있다. 금보다 값진 책을 좋아해서 만권의 책을 읽기 위해 노력 중이며, 후학들의 삶을 풍요롭게 돕기 위하여 가지고 있는 작은 삶의 지혜에 대한 책을 발간하기로 결심을 하여 실천하고 있다. 저서로는 『취업전략의 핵심가이드』, 『나는 왜 취업을 못하는가』, 『취업의 정석 A에서 Z까지』, 『온고이지신을 통해 본 미래의 소통과 리더십』 등이 있다.

나에게 무엇이 가장 소중한 것일까

초판1쇄 인쇄 2018년 2월 6일
초판1쇄 발행 2018년 2월 6일

저　　자 손경연
발 행 인 이상한
발행한곳 한성대학교 출판부

우편주소 서울특별시 성북구 삼선교로16길 116
대표전화 (02) 760 / 4174
팩시밀리 (02) 760 / 5969

편집제작 대자커뮤니케이션 | 대표 (02) 2269-6724

ISBN 978-89-6820-029-8 03190　　　정가 12,000원